区域经济高质量发展若干问题研究

吾斯曼·吾木尔　汪　佳　张　灵　著

中国书籍出版社
China Book Press

图书在版编目（CIP）数据

区域经济高质量发展若干问题研究/吾斯曼·吾木尔,汪佳,张灵著.--北京：中国书籍出版社,2023.7

ISBN 978-7-5068-9520-0

Ⅰ.①区… Ⅱ.①吾…②汪…③张… Ⅲ.①区域经济发展—研究—中国 Ⅳ.①F127

中国国家版本馆 CIP 数据核字(2023)第143972号

区域经济高质量发展若干问题研究
吾斯曼·吾木尔　汪 佳　张 灵　著

责任编辑	李国永
装帧设计	李文文
责任印制	孙马飞　马　芝
出版发行	中国书籍出版社
地　　址	北京市丰台区三路居路97号（邮编：100073）
电　　话	（010）52257143（总编室）（010）52257140（发行部）
电子邮箱	eo@chinabp.com.cn
经　　销	全国新华书店
印　　刷	天津和萱印刷有限公司
开　　本	710毫米×1000毫米　1/16
字　　数	250千字
印　　张	12.25
版　　次	2024年1月第1版
印　　次	2024年1月第1次印刷
书　　号	ISBN 978-7-5068-9520-0
定　　价	72.00元

版权所有　翻印必究

前 言

自中华人民共和国成立以来，我国区域经济发展目标大体经历了"工业偏向性非均衡发展—中性均衡发展—开放偏向性非均衡发展—均衡发展—协调发展"的转变过程，当前正处于由区域经济协调发展向高质量发展的过渡发展阶段。新时代要加快贯彻新发展理念、厘清区域经济发展态势、把握区域经济发展方向，这对于加快实现区域高质量发展有重要的现实意义。本书将从多个角度围绕区域经济高质量发展展开论述。

本书第一章为区域协调发展与区域经济高质量发展研究，分别论述了四个方面的内容，依次是区域协调发展的举措与进程、区域协调发展与区域经济高质量发展的相关概论、区域协调发展进程中面临的问题、促进区域协调实现经济高质量发展的思路及建议；第二章为产业集群与区域经济高质量发展研究，主要论述了四个方面的内容，依次是我国产业集群的历史进程、产业集群与区域经济高质量发展的相关概论、促进产业集群培育实现区域高质量发展面临的困境、促进产业集群培育实现区域高质量发展的思路及建议；第三章为民营经济与区域经济高质量发展研究，分别论述了四个方面的内容，依次是民营经济与区域经济高质量发展的相关概论、基于区域视角下民营经济高质量发展的一些典型案例、基于区域视角下民营经济高质量发展过程中存在的瓶颈、基于区域视角下民营经济高质量发展的思路及建议；第四章为创新驱动与区域经济高质量发展研究，分别论述了四个方面的内容，依次是创新驱动与区域经济高质量发展的相关概述、创新驱动高质量发展过程中遇到的问题、创新关键在于原始性突破、创新驱动高质量发展的举措建议；第五章为金融创新与区域经济高质量发展研究，主要论述了四个方面的内容，分别是金融创新的研究背景及意义、金融创新与区域经济高质量发展相关概述、金融创新与区域经济高质量发展协同分析、协同推进金融创新与区域经济高质量发展的结论及展望；第六章为供给侧结构性改革与区域经济高质量发展研究，分别论述了四个方面的内容，依次为供给侧结构性改革的历史进程、供给侧结构性改革与区域经济高质量发展相关概述、供给侧结构性改革发展过程中遇到的问题、供给侧改革的经济策略。

在撰写本书的过程中，作者得到了许多专家学者的帮助和指导，参考了大量的学术文献，在此表示真诚的感谢！本书内容系统全面，论述条理清晰、深入浅出。

限于作者水平不足，加之时间仓促，本书难免存在一些疏漏，在此，恳请同行专家和读者朋友批评指正！

作者

2023 年 3 月

目录

第一章 区域协调发展与区域经济高质量发展研究 1
- 第一节 区域协调发展的举措与进程 1
- 第二节 区域协调发展与区域经济高质量发展的相关概论 26
- 第三节 区域协调发展进程中面临的问题 31
- 第四节 促进区域协调实现经济高质量发展的思路及建议 35

第二章 产业集群与区域经济高质量发展研究 58
- 第一节 我国产业集群的历史进程 58
- 第二节 产业集群与区域经济高质量发展的相关概论 64
- 第三节 促进产业集群培育实现区域高质量发展面临的困境 65
- 第四节 促进产业集群培育实现区域高质量发展的思路及建议 66

第三章 民营经济与区域经济高质量发展研究 70
- 第一节 民营经济与区域经济高质量发展的相关概论 70
- 第二节 基于区域视角下民营经济高质量发展的一些典型案例 81
- 第三节 基于区域视角下民营经济高质量发展过程中存在的瓶颈 91
- 第四节 基于区域视角下民营经济高质量发展的思路及建议 93

第四章 创新驱动与区域经济高质量发展研究 104
- 第一节 创新驱动与区域经济高质量发展的相关概述 104
- 第二节 创新驱动高质量发展过程中遇到的问题 117

第三节　创新关键在于原始性突破 ……………………………… 122
　　第四节　创新驱动高质量发展的举措建议 ……………………… 128

第五章　金融创新与区域经济高质量发展研究 ……………………… 137
　　第一节　金融创新的研究背景及意义 …………………………… 137
　　第二节　金融创新与区域经济高质量发展相关概述 …………… 139
　　第三节　金融创新与区域经济高质量发展协同分析 …………… 154
　　第四节　协同推进金融创新与区域经济高质量发展的结论及展望 ……… 157

第六章　供给侧结构性改革与区域经济高质量发展研究 …………… 161
　　第一节　供给侧结构性改革的历史进程 ………………………… 161
　　第二节　供给侧结构性改革与区域经济高质量发展相关概述 … 165
　　第三节　供给侧结构性改革发展过程中遇到的问题 …………… 172
　　第四节　供给侧改革的策略 ……………………………………… 179

参考文献 ………………………………………………………………… 187

第一章 区域协调发展与区域经济高质量发展研究

本章为区域协调发展与区域经济高质量发展研究，主要从四个方面进行了阐述，依次为区域协调发展的举措与进程、区域协调发展与区域经济高质量发展的相关概论、区域协调发展进程中面临的问题、促进区域协调实现经济高质量发展的思路及建议。

第一节 区域协调发展的举措与进程

一、区域均衡发展阶段

（一）国情和世情

中华人民共和国成立初期，我国经济基础十分薄弱，地区发展极不平衡。具体来看，全国仍以个体经济和手工业经济为主，只有极少数的现代工业经济。并且这些现代工业经济绝大多数都集中在东部沿海地区，广大的西南、西北和内蒙古地区几乎没有任何现代工业。

（二）理论基础

为了拉动内地工业发展，改变区域经济发展严重不平衡的历史旧貌，我国从1950年至1978年有步骤、有重点地增加了内地建设资金，减少沿海投资，以缩小地区差距，实现区域平衡发展目标。这一阶段的区域发展政策实践契合了发展经济学中的平衡发展理论。

平衡发展理论广泛应用于欠发达国家或地区急于实现工业化及改变地区间发展严重不均衡的阶段。该理论有三个前提假设：完全自由的市场机制，生产要素可以完全自由流动，区域规模报酬和技术进步条件不变。因此，尽管各区域存在要素禀赋和发展程度的差异，但是，在此条件下，资本终将由边际收益率低的地区流向边际收益率高的地区，同样，劳动力终将由低工资区域流向高工资区域，各区域各要素的边际报酬将趋向于均衡，从而各个地区的经济将实现均衡增长。显然，该理论成立的前提条件要求过于苛刻，所以实际应用价值很有限。

（三）政策实施过程

1. 工业化建设

我国"一五"计划提出，要有计划地、合理地在全国各地布局工业，使之与原料、燃料产区和消费地区紧密结合，以加强国家的国防建设。在这一思想的指导下，国家把中西部落后地区的开发提上了日程，并通过规划建设付诸实施。

此外，新政权须有重工业的支持。"一五"计划采取了一种与苏联相似的工业化方式，即以高度积累为基础，优先发展重工业，以实现可持续发展。

2. "三线建设"

"三线建设"的实施为国家带来了巨大的发展，不仅修建了川黔、贵昆、成昆、襄渝、湘黔等重要的铁路干线，还建设了酒泉、包头、武汉、太原、攀枝花等五大钢铁基地，同时还新建和续建了一系列电力、石油、煤炭、化学、机械和国防等工业项目，为国家经济发展提供了强大的支撑。随着"三线地区"计划的实施，大量沿海地区的老企业逐步搬迁，这一举措为中西部地区的经济发展带来了深远的影响。

在"四五"时期，"三线建设"将重点放在了豫西、鄂西、湘西等地，并且积极促进大西南的发展，以推动当地的经济社会发展。在这段时间里，为了满足经济发展和战备需求，我国将全国划分为10个经济协作区，分别是西南、西北、中原、华南、华东、华北、东北、山东、闽赣和新疆。每个协作区都要建立不同水平、各具特色、各司其职、大力协作的工业体系和国民经济体系，山东、闽赣和新疆要建立"小而全"的经济体系，并要求各省市区尽快实现机械设备和轻工产品的自给自足。为了更好地服务农业，应该建立"小三线"，并将内地的工业建设分散到各个地方，避免在大城市建设工厂，而是在"靠山、分散、隐蔽"中布局工厂。

二、区域非均衡发展阶段

1978年底，我国开始改革开放，1979—1990年，既是我国区域发展战略格局大变革的时期，也是为形成当前区域格局奠定基础的时期。

（一）国情和世情

党的十一届三中全会提出了将重点转移到社会主义现代化建设上来的重大战略决策，1978年底，先富带后富、共同富裕的理念深深影响了我国的区域发展战略和区域政策的制定，为我国社会发展注入了新的动力。1980年3月，国务院召开的关于中长期计划的座谈会上进一步提到了"发挥比较优势，扬长避短，要承认不平衡"。这一指导方针贯穿在以后国家制定的五年计划和区域发展规划之中。

进入"七五"时期以来，内地资源开发投资不足、有效供给短缺的问题日趋加剧，沿海与内地争夺资源、市场的矛盾也进一步加剧。为解决这些矛盾，1988年初，我国提出了以沿海乡镇企业为主力，以"两头在外，大进大出"为主要内容的沿海地区经济发展战略。主张沿海地区要大力发展外向型经济，有领导、有计划地走向国际市场，积极参与国际交换和国际竞争，然后带动内地经济振兴，缓解内地经济发展过程中的矛盾。

（二）理论基础

针对平衡发展理论在指导社会实践中存在的缺陷和我国新的区域生产力布局，理论界适时提出非平衡发展的理论来指导我国的区域发展实践。

增长极理论是非平衡发展理论的代表性理论之一。该理论的主要内容是，增长在不同的地区其强度会不同，因此增长速度快的地区就会形成一些增长点或增长极，然后再由增长极向外扩散；但是极化效应总是会先于或大于扩散效应，因此，才会造成经济空间上所谓的"二元结构"。如果要克服增长极效应的负面作用，单纯依靠市场的自发作用是不行的，需要依靠政府行政力量进行调节。

增长极理论对许多国家或地区的发展都产生了较深远的影响，先利用政策性的资源配置形成一些诱导型的增长极，从而带动国民经济快速发展，几乎成为发展中国家或地区面对资源短缺约束时推动工业化和城市进程的不二选择。

（三）政策实施过程

改革开放以来，我国区域发展的非均衡趋势更加明显。国家在东部沿海地区先后设立4个特区、14个沿海开放城市，并在外资项目审批财税、外汇留成、信贷等方面给予特殊优惠政策。1987年12月，中共中央提出了一项全新的沿海地区经济发展战略，其中包括：一是加快发展外向型经济，积极参与国际市场竞争，拓宽产品出口；二是大力推进"三资"企业的发展，积极开拓"两头在外"市场；三是加强沿海地区与内地的经济联系，在实现高质量发展的同时，推动内地经济的持续增长。同时，中央决定大力推进沿海地区的开放，将海南省升格为省级行政区，并设立特别行政区，同时将上海浦东新区作为改革开放的新试验区，以更好地促进经济社会发展。这意味着我国沿海非均衡发展水平进入一个相当高的阶段。

整个"七五"（1986—1990）计划期间，中央政府按照经济技术水平和地理位置相结合的原则，将全国划分为东部、中部、西部三大经济地带，强调"七五"及以后几年全国生产力布局将区域政策的目标按东、中、西三个地带的基本格局分别设定，对于东部地区要加速发展，中部地区则是建设的重点，同时还要积极推进西部大开发战略，正确处理好三个地带的发展关系。

三、区域协调发展形成阶段

从区域的非均衡发展到区域协调发展，其间经历了较为漫长的酝酿过程。我国区域经济专家、著名学者陈栋生教授很早就提出了东、中西部地区合理分工、协调发展的思路，他提出，国家和东部地区要有意识地支持中、西部地区，使之成为东部沿海地区实施外向型经济发展战略的原材料基地，并在资金、技术、人才、政策等方面给予多方面的支持。通过东部地区外向经济的循环带动中西部地区内向经济的循环，这反过来将进一步促进东部地区外向经济的循环，从而实现中国区域经济发展的协调和共同繁荣。

（一）国情世情

20世纪80年代末90年代初，我国地区发展差距日益拉大，尤其是东西部地区差距更是显著扩大，给国家发展带来了巨大挑战，出现不少社会矛盾。1988年，党中央提出了"两个大局"的发展思想，1992年初的南方谈话继续对这一思想做了进一步的阐释，这一思想成为当时指导我国区域经济发展政策制定的重要思想。

1991年3月，把"促进地区经济的合理分工和协调发展"，"生产力的合理布局和地区经济的协调发展，是我国经济建设和社会发展中一个极为重要的问题"写入《关于国民经济和社会发展十年规划和第八个五年计划纲要的报告》。同时进一步明确指出，"要正确处理发挥地区优势与全国统筹规划沿海与内地经济发达地区与较不发达地区之间的关系，促进地区经济朝着合理分工、各展其长、优势互补、协调发展的方向前进"。1995年9月，中共十四届五中全会通过《中共中央关于制定国民经济和社会发展"九五"计划和2010年远景目标的建议》，明确把"坚持区域经济协调发展，逐步缩小地区发展差距"作为今后15年经济和社会发展必须贯彻的重要方针之一。1997年9月，党的十五大报告中也特别强调，要"从多方面努力，逐步缩小地区发展差距""促进地区经济合理布局和协调发展"。东部地区"有条件的地方要率先基本实现现代化"。2001年3月，在第一届人大四次会议批准的《中华人民共和国国民经济和社会发展第十个五年计划纲要》中，党中央提出了实施西部大开发战略的重大举措，以优化地区经济结构、推动地区经济协调发展为目标，全面推进西部地区的发展。

（二）理论基础

随着我国国民经济的高速发展和国家产业体系的日趋完善，我国区域政策逐步按东、中、西部梯度推进的思路展开。这些政策实践契合了区域发展理论中的梯度转移理论。

该理论有两个层面的内涵,一是经济发展存在一种"梯度"状态,即由于自然条件、历史文化、社会经济等方面的差异,地区之间发展是不平衡的。这种不平衡的状况就构成由低至高的不等梯度,高梯度的地区就是那些发展条件较好的地区,而一个地区所处梯度的高低取决于产业结构的优劣,产业结构优劣又取决于主导产业所处的产业生命周期阶段。二是一个新兴产业或一项新技术的产生是从创新开始的,在这个阶段需要高质量的要素资源的投入,因而这一阶段大多发生在梯度较高的地区或国家。当技术稳定和产品定型后进入成熟阶段,这一阶段的主要特点是产品市场规模急剧扩大,企业竞争加剧,为保持竞争优势,产业或技术逐渐由高梯度向中、低梯度地区转移,产业利润下降并走向衰退,然后孕育下一个新兴产业或技术。梯度转移理论在指导我国20世纪90年代区域发展政策的制定方面发挥了重要作用。

(三)政策实施过程

为促进地区经济协调发展,优化区域资源配置,"八五"计划以来,中央主要采取了以下几个方面的政策措施。

1. 全方位的对外开放政策

1991年,国办发〔1991〕25号文件,明确了边境贸易的方针和优惠政策,为中西部地区的对外开放提供了有力的支持。1992年,三峡经济开放区的建立,使得沿海、沿边、沿江以及内陆省会城市的对外开放更加全面、多样化,形成了一个多层次、多渠道、全方位的开放格局。

(1)在沿海地区设立保税区。保税区是国务院批准的经济区域,它由海关实施特殊监管,保护沿海地区的经济发展和贸易活动,是目前我国开放度和自由度最大的经济区域,其主要功能是转口贸易、保税仓库和出口加工。1991年,国务院批准建立了天津港、深圳福田和沙头角保税区,随后又相继设立了深圳盐田港、大连、广州、张家港、海口、厦门象屿、福州、宁波、青岛、汕头、珠海等11个保税区。目前,我国已建成和在建的保税区共有15个,全部分布在沿海地区,其中仅广东省就有6个保税区。

(2)扩大经济开放区的范围。1992年9月,国务院正式批准广东省韶关、河源、梅州三市作为沿海经济开放区。1993年2月和3月还批准福建省三明、南平、龙岩、福安、福鼎 5 市、县，以及辽宁省营口市和山东省东营市（不包括所辖县）作为沿海经济开放区，为当地经济发展提供了更多的机遇。为了更好地推动经济发展，我国不断拓宽对外开放的范围，包括开放沿边口岸城市、沿江及内陆省会城市，建立国家级经济技术开发区，鼓励外商到中西部地区投资等政策，进一步扩大对外开放的范围。

2. 西部大开发

从 20 世纪 80 年代后期开始，我国东西部经济差距明显拉大，这一现象反映出我国市场化改革的加快发展。改革开放的取向是让要素根据市场信号自由流动，以提高效率为目标，允许一部分地区先发展起来，但是实践数据和学者的实证研究成果表明，这一趋势仍然存在。随着市场利益的驱动，西部地区的人才、劳动力、资本等生产要素被迫流向经济发达、ROI 更高的地区，以获取更大的经济效益。虽然发达地区对落后地区短期内也有扩展效应，但由于落后地区短期内不具备必要的经济技术基础和相当素质的劳动力，因此这种扩散难以实现。于是，西部地区发展遇到要素严重流失、技术资金严重不足等困难，这就需要政府协调。因此，中央确定西部大开发的战略，就是针对西部生产要素在市场调节下向东部流动的情况，政府要进行反向调节。

根据国家规划，我们的目标是在 5—10 年的时间里，大力发展西部地区的基础设施和生态环境，取得重大突破。到 21 世纪中叶，将把西部地区打造成一个经济发展、社会进步、生活安定、民族团结、风景秀丽的新西部。西部大开发战略的重点是：一是大力发展基础设施，加快生态环境保护建设；二是积极调整产业结构，发展具有市场竞争力的特色经济和优势产业，培育和形成新的经济增长点；三是大力发展科技教育事业，加快人才培养，推动科技创新，提升人民生活水平；四是加大改革开放力度，促进经济社会可持续发展。（表 1-1-1）

此外，在财政和金融方面，国家对西部地区也给予了极大的支持，包括：固定资产投资上安排 70% 的国债资金，大力支持中西部地区；通过财政拨款和国际组织优惠贷款等方式，加大对西部地区的转移支付力度；实施税收优惠政策；加大对基础设施、农业、生态建设等领域的信贷投入，以促进西部地区经济社会发展，提升民族地区的社会地位。

表 1-1-1　西部大开发战略的主要政策内容[①]

政策目的	政策手段	政策支持
加快基础设施建设	优先安排建设项目：水利、交通、能源等基础设施，优势资源开发与利用，有特色的高新技术及军转民技术产业化项目，优先在西部地区布局。土地优惠政策：建设项目用地，如使用国有未利用土地，可以免缴土地补偿费等，以上优惠是国家对西部地区的专项扶持政策。金融信贷支持：银行根据商业信贷的自主原则，加大对西部地区基础产业建设的信贷投入	2000年启动十大标志工程，2007年国务院西部开发办发布西部大开发新开工10项重点工程
		财政部印发关于《中西部等地区国家级经济技术开发区基础设施项目贷款财政贴息资金管理办法》的通知
加强生态建设和保护	财税政策：逐步加大对西部地区尤其是民族地区的一般性转移支付的规模。在促进西部地区生态环境的改善和保护的过程中，中央财政将按照标准给予补助；对因实施天然林保护工程，退耕还林（草）工程而影响财政收入的西部地区，中央财政还在一定时期内给予适当的补助，并实行优惠的税收政策。土地和矿产资源优惠政策：对西部地区荒山、荒地造林种草及耕地退耕还林还草实行谁退耕、谁造林种草、谁经营、谁拥有土地使用权和林草所有权的政策	《关于进一步做好退耕还林还草试点工作的若干意见》（2000年）
		《关于进一步完善退耕还林政策措施的若干意见》（2000年），2002年12月颁布了《退耕还林条例》
		《西部地区天然草原退牧还草工程项目验收细则》（2004年）
		《关于进一步加强退牧还草工程实施管理的意见》等措施（2005年）
调整产业结构发展特色产业	改善投资的软环境：深化西部地区国有企业改革，加快建立现代企业制度，搞好国有经济的战略性调整和国有企业的资产重组。财政手段：加大建设资金投入和转移支付力度	财政部、国家税务总局颁布《关于退耕还林还草试点地区农业税政策的通知》（2000年10月）
		《关于促进农民增加收入若干政策的意见》（2004年1月）

---

① 张军扩，侯永志. 中国区域政策与区域发展[M]. 北京：中国发展出版社，2010：54—55.

续表

政策目的	政策手段	政策支持
发展科技教育事业，加快人才培养	财政政策：中央财政将逐步增加科技"基金""计划"等专项经费用于西部地区的数额。中央财政"十五"期间继续实施"国家贫困地区义务教育工程"，将西部民族地区、山区、牧区和边境地区列为重点地区，予以重点支持。中央对地方专项资金补助也将向西部地区倾斜。金融信贷支持：更多地安排国际金融组织和外国政府优惠贷款投向西部地区的项目，力争国际金融组织在西部地区教育卫生、扶贫、生态环境保护等领域实行更优惠的贷款政策。此外，还将发行特种国债用于支持西部开发。在西部地区积极发放助学贷款及学生公寓贷款等	教育部、国务院办公厅颁布《关于推动东西部地区学校对口支援工作的若干意见》（2000年4月）
		科技部颁布《关于加强西部大开发科技工作的若干意见》（2000年8月）
		教育部与中央办公厅、国务院办公厅联合颁布《西部地区人才开发十年规划》（2002年3月）
		教育部、国务院办公厅颁布《2004—2010年西部地区教育事业发展规划》（2004年9月）
加大对外开放力度，提高利用外资水平	税收优惠政策：对设在西部地区国家鼓励类产业的内资企业和外商投资企业，在一定期限内，按15%的税率征收企业所得税。民族自治地方的企业经省级人民政府批准，可以定期减征或免征企业所得税。放宽外资条件方面优惠政策：对外商投资西部地区商业项目，经营年限可放宽至40年；比东部地区延长10年，注册资本放宽至3000万元，比东部地区降低2000万元。对外商投资西部地区基础设施和优势产业项目，适当放宽国内银行提供固定资产投资人民币贷款的比例	国务院决定，对中西部外资企业实施税收新优惠（1999年）
		财政部、国家税务总局联合颁布《中西部地区外商投资优势产业目录》（2000年6月）
		财政部、国税局、海关总署联合颁布《关于西部大开发税收优惠政策问题的通知》（2001年）

3. 东北振兴战略

2003年10月，中共中央、国务院发布《关于实施东北地区等老工业基地振兴战略的若干意见》，对振兴东北老工业基地作出重大战略部署。（表1-1-2）振兴东北地区等老工业基地，不仅要使这些地区在经济发展方面跟上全国的步伐，而且要解决影响发展的体制性、结构性问题,增强其内在活力,改善其发展环境,最终实现振兴。

表 1-1-2　东北振兴战略的主要政策内容

政策目的	具体措施	说明
加快体制创新和机制创新	国务院国有资产监督管理委员会提出《关于加快东北地区中央企业调整改造的指导意见》(2004年2月4日)	提出加快推进东北地区中央企业调整改造,促进东北老工业基地振兴
	《国务院关于鼓励支持和引导个体私营等非公有制经济发展的若干意见》(2005年2月)	提出放宽市场准入,对参与改制的民营企业提出相关政策
	国务院批复了由财政部、国资委和劳动保障部联合上报的《东北地区厂办大集体改革试点工作指导意见》(2005年11月6日)	明确了改革目的和改革方式,提出处理厂办大集体的资产和债权债务问题的办法,并且对妥善安置职工和处理劳动关系等作出了详细规定
全面推进工业结构优化升级	国务院国有资产监督管理委员会提出《关于加快东北地区中央企业调整改造的指导意见》(2004年2月4日)	提出进一步加大技术改造力度,将企业建设改造的进程分为四个层次
	财政部、税务总局颁布《东北地区扩大增值税抵扣范围若干问题的规定》(2004年)	在财政税收政策方面对老工业基地予以适当支持,对部分企业历史形成确实难以归还的历史欠税,按照规定条件经国务院批准后给予豁免,在东北三省试行增值税转型试点和企业所得税优惠政策
	财政部、税务总局颁布《关于落实振兴东北老工业基地企业所得税优惠政策的通知》(2005年)	
	《财政部、国家税务总局关于豁免东北老工业基地企业历史欠税有关问题的通知》(2006年)	
	国家发展改革委下达《2005年老工业基地调整改造和重点行业结构调整国债投资计划》(2005年)	深化投资体制改革,简化老工业基地调整改造项目审批程序,加大国债或专项基金对老工业基地调整改造的支持力度

续表

政策目的	具体措施	说明
大力发展现代农业	《中共中央国务院关于促进农民增加收入若干政策的意见》(2004年)	提出按照"多予、少取、放活"的方针,采取一系列措施,尽快扭转城乡居民收入差距不断扩大的趋势,对农业进行粮食直补、良种补贴和农机具购置补贴
	财政部、农业部、国家税务总局联合下发了《关于2004年降低农业税税率和在部分粮食主产区进行免征农业税改革试点有关问题的通知》,制定了《黑龙江省全部免征农业税改革试点工作实施方案》(2004年)	在黑龙江、吉林两省实行全面免征农业税政策,扩大东北地区粮食生产补贴范围和规模
推进资源型城市经济转型	国土资源部、国务院振兴东北办下发《关于东北地区老工业基地土地和矿产资源若干政策措施》的通知(2005年)	提出东北地区土地和矿产资源利用的系列优惠政策,为东北地区老工业基地合理、高效利用土地和矿产资源指明方向
加强基础设施建设	电力	国家发展改革委办公厅组织编制了《东北地区电力工业中长期发展规划(2004—2020)》(2005年)	分析了当前国民经济发展和能源资源状况、电力工业发展现状以及"十五"前三年有关电力的计划执行情况,对电力供需形势进行了分析及预测,提出发展原则及方针
	交通	由交通部编制的《振兴东北老工业基地公路水路交通发展规划纲要》出台(2005年)	是指导东北各省制定公路、水路交通建设规划及其相关专项规划的指导性文件
	水利	2000年以来,国务院批准《关于加强嫩江松花江近期防洪建设的若干意见》《关于加强辽河流域近期防洪建设的若干意见》,水利部通过《松花江流域防洪规划》《辽河流域防洪规划》《振兴东北老工业基地水利规划》《东北地区国境界河整治规划》《松辽流域水资源综合规划》《霍林河流域水资源开发利用规划》《扎龙湿地水资源规划》《胖头泡、月亮泡蓄滞洪区安全建设规划》《辽河口整治规划》等一批规划相继出台	进入21世纪以来,流域水资源开发利用与流域经济、社会、环境的协调发展受到高度重视

续表

政策目的	具体措施	说明
进一步扩大对外对内开放	国务院办公厅下发《关于促进东北老工业基地进一步扩大开放的实施意见》（2005年）	在吸引外资环境、企业、重点项目和行业方面提供税收等优惠政策、完善国家鼓励边境贸易的税收优惠政策，扩大与周边国家的经贸合作
创造有利于扩大就业的环境，完善城镇社会保障体系	国务院下发《关于完善城镇社会保障体系试点方案的通知》（2000年）	决定2001年在辽宁省及其他省确定的部分地区进行试点。从完善社会保障体系的角度出发，内容涉及城镇职工基本养老、基本医疗、失业等社会保险制度和城市居民最低生活保障制度
	《国务院关于同意辽宁省完善城镇社会保障体系试点实施方案的批复》（2001年）	当前确保国有企业下岗职工基本生活和企业离退休人员养老金按时足额发放仍然是社会保障工作中的重要内容
	《国务院关于同意吉林省人民政府关于完善城镇社会保障体系试点实施方案的批复》（国函〔2004〕35号）和《国务院关于同意黑龙江人民政府关于完善城镇社会保障体系试点实施方案的批复》（国函〔2004〕36号）	要求认真借鉴辽宁省试点经验，积极探索建立可持续发展的城镇企业职工基本养老保险制度；要进一步提高就业和社会保障工作的管理服务水平；要充分考虑社会各方面的承受水平，积极稳妥地推进试点工作，及时研究解决试点工作中出现的问题，确保企业和社会稳定
加快发展科技教育文化事业	中国科学院发布关于印发《"东北之春"人才培养计划管理办法》的通知（2004年）	通过支持中国东北老工业基地科研立项、培养企业在职研究生以及为地方组织培训等主要形式，为东北地区培养学术带头人、技术骨干以及新兴产业人才

续表

政策目的	具体措施	说明
加快发展科技教育文化事业	中共中央办公厅、国务院办公厅印发《贯彻落实中央关于振兴东北地区人才队伍建设的实施意见》的通知（2004年）	多渠道、多形式地培养、引进各类专业技术人才
加快发展科技教育文化事业	科技部下发《振兴东北老工业基地科技行动方案》（2004年）	提出立项启动"振兴东北地区发展战略"研究工作，推进国家高新区"二次创业"
	《国家发展改革委关于振兴东北老工业基地高科技产业发展专项第一批高技术产业化项目的通知》（2004年）	批复了18项高技术产业化项目
	国家发展改革委、国务院振兴东北办联合发布《关于发展高技术产业促进东北地区等老工业基地振兴指导意见的通知》（2005年）	提出有效解决老工业基地发展面临的突出问题、保证经济可持续发展的战略性措施和重要途径；强调发展高技术，提出促进老工业基地振兴的原则、重点和着力点

4. 中部崛起战略

随着国家实施东部沿海开放、西部大开发、振兴东北老工业基地等分区域发展战略，中部地区从1985年开始进入经济增长的低谷，增速明显落后于西部地区，学者们将其形容为"政策洼地"，这一状况一直持续到今天。2004年9月，"促进中部地区崛起"被写入党的十六届四中全会的决议中，以此来加强党的建设。2005年10月，中共中央颁布的《中共中央关于制定国民经济和社会发展第十一个五年规划的建议》，为中部地区的发展指明了方向，并且在2006年4月，中共中央和国务院颁布的《关于促进中部地区崛起的若干意见》，为中部地区的发展提供了有力的支持，中共中央的战略决策和一系列的政策措施，为中部地区的发展注入了新的活力，促进了中国经济的腾飞和社会的进步。（表1-1-3）

表 1-1-3 中部崛起战略的主要政策内容

政策目的	政策支持
加快建设全国重要粮食生产基地，扎实稳步推进社会主义新农村建设	加大对粮食生产的支持力度。完善扶持粮食生产的各项政策 把严格保护耕地放在突出地位，稳定粮食种植面积，提高粮食单产水平和商品率 逐步解决中部地区粮食主产区粮食流通领域的历史遗留问题
加强能源原材料基地和现代装备制造及高技术产业基地建设，推进工业结构优化升级	加强能源基地建设 加强原材料基地建设
提升交通运输枢纽地位，促进商贸流通旅游业发展	加快综合交通运输体系规划实施 加快铁路客运专线和开发性新线建设 加强公路建设 扩建、增加机场
增强中心城市辐射功能，促进城市群和县城发展	构建布局完善、大中小城市和小城镇协调发展的城镇体系（发展改革委、建设部、国土资源部、民政部等部门负责） 大力发展县域经济（发展改革委牵头） 扩大国家"科技富民强县专项行动计划"在中部地区的试点范围对特色产业项目给予专项支持（科技部牵头）
扩大对内对外开放，加快体制创新	支持一类口岸建设，建好出口加工区，引导加工贸易向中部地区转移（海关总署、商务部、发展改革委等部门负责） 加强进出口协调和服务，加大中央外贸发展基金政策支持力度，转变贸易增长方式，优化贸易结构，开拓国际市场（商务部牵头）
加快社会事业发展，提高公共服务水平	加快教育事业发展，提高公共服务水平（财政部、教育部、发展改革委等部门负责） 加强公共卫生服务体系建设（卫生部、发展改革委、财政部等部门负责） 积极稳妥推进文化体制改革发展（改革委、财政部、文化部、广电总局、新闻出版总署等部门负责）
注重资源节约，加强生态建设和环境保护，实现可持续发展	继续支持水污染防治项目建设及重点城市的污水与垃圾处理设施建设。加强流域、区域水资源开发利用和水环境保护的统一管理，提高水资源利用综合效益 继续实施长江中游天然林资源保护，加强长江流域防护林二期等重点防护林体系建设

5. 完善国家扶贫政策体系

让所有人民共享改革开放发展的成果，缩小地区发展差距，特别是改变老、少、边、穷地区的经济文化落后状况，成为党中央、国务院制定区域发展政策的主要出发点。1994年2月28日，国务院召开全国扶贫开发工作会议，确定从1994年起，国家实施"八七"扶贫攻坚计划，即从1994年到2000年，全面推进贫困地区的发展，积极调动社会各界力量，努力在7年内，基本解决8000万贫困人口的温饱问题。同时，国家还大力支持经济欠发达地区的发展，并且大幅提高扶贫资金援助，以确保"八七"扶贫攻坚计划的目标得以实现。1999年，中央政府拨款的扶贫资金总额超过100亿元，为贫困地区带来了实实在在的帮助。为提高扶贫资金的使用效果，国家列出计划重点扶持的贫困县有592个，其中东部有105个，中部有182个，西部有307个。同时，为加强东西部地区互助合作，帮助贫困地区尽快解决群众温饱，2000年4月，国务院颁布了《关于组织经济发达地区与经济欠发达地区开展扶贫协作的报告》，以此鼓励全国各地的力量，共同投入到西部贫困地区的教育建设中，并且推出了"东部地区学校对口支援西部贫困地区学校工程"以及"西部大中城市学校对口支援本省贫困地区学校工程"，以此来推进全国的经济社会发展。

"十五"计划期间，我国积极推进整村推进和"两轮驱动"的扶贫战略，将592个国家扶贫开发重点县的扶贫重点下移到村，全国范围内确定15万个贫困村，采取措施，加强产业发展，实施劳动力转移，以期实现贫困地区的脱贫致富。

四、区域协调发展推进阶段

（一）国情和世情

党的十八大以来，以习近平同志为核心的党中央紧紧抓住经济社会发展的主要矛盾和矛盾的主要方面，从经济发展的长周期和全球政治经济的大背景出发，作出了经济发展进入新常态的重大判断，在区域协调发展方面推出了一系列新战略理念、新战略重点、新体制机制等，形成了以区域发展总体战略为基础，以"一带一路"建设、京津冀协同发展、长江经济带建设等三大战略为引领，以新区、自贸区等特殊类型区域功能平台为补充的全面促进区域协调发展的战略格局。

《中华人民共和国国民经济和社会发展第十三个五年规划纲要》强调，要坚持区域协同发展，加快西部地区的经济社会发展，积极推进东北地区的振兴，加快中部地区的崛起，鼓励东部地区先行，建立完善的区域协同发展机制，积极构建"一带一路"建设、京津冀协同发展、长江经济带发展的区域协同发展新格局，实现要素的自由流通，保障各地区的基本公共服务的平等，同时保护好当地的资源和环境。

"一带一路"旨在推动形成开放型经济新格局，"丝绸之路经济带"则以中西部地区为重点，覆盖全国各省份，"21世纪海上丝绸之路"则覆盖东部沿海长三角、海峡西岸、珠三角、北部湾等重要城市群，以此来促进经济发展。长江经济带贯穿"三大两小"城市群，横跨我国东部、中部和西部三大区域，为京津冀协同发展提供了重要支撑，加强了北京非首都功能疏解，以协同创新为引领，重点推动交通运输、生态环境保护、产业转移等三大领域的发展，构建了京津冀区域分工的新格局。

2017年，党的十九大报告首次把"实施区域协调发展战略"纳入国家战略，作为"贯彻新发展理念，建设现代化经济体系"的重大任务，制定了"加快西部大开发，形成新格局，深化改革，加快东北等老工业基地振兴，发挥优势推动中部地区崛起，创新引领率先实现东部地区优化发展，建立更加有效的区域协调发展新机制"的目标。随着区域协调发展战略的推进，区域发展的范围不断扩大，而且重点也变得越来越清晰。为了更好地实施区域发展总体战略，将着力于"一带一路"的建设，大力提升区域的开放型经济水平，加快京津冀、长江经济带、粤港澳大湾区三大国家重点区域的发展，为实现习近平新时代中国特色现代化建设的宏伟蓝图，为实现全面建成小康社会的宏伟目标，提供强大的支撑。

党的二十大报告指出"深入实施区域协调发展战略、区域重大战略、主体功能区战略、新型城镇化战略，优化重大生产力布局，构建优势互补、高质量发展的区域经济布局和国土空间体系"。[①] 在新的发展阶段，必须加快构建一个更加高效、更具有活力的发展格局，以促进区域经济的高质量发展。这需要将提升区域

---

① 习近平《高举中国特色社会主义伟大旗帜 为全面建设社会主义现代化国家而团结奋斗——在中国共产党第二十次全国代表大会上的报告》[J].九江学院学报（自然科学版），2023，38（01）：2.

经济的整体水平作为首要任务，并且通过协调发展来实现这一目标。随着时代的发展，我国区域发展格局正在发生巨大变化，为了实现区域经济的高质量发展，必须超越短期的发展，以长远的可持续性发展为目标，积极探索和实施有效的政策措施，以推动区域经济的可持续发展。

（二）理论基础

高质量发展是深入贯彻新发展理念，且经济增长数量达到一定阶段后，实现效率提升、结构优化、新动能培育和人民生活水平提升的结果。"区域高质量发展可以被视为区域发展的一种高级状态""区域高质量发展不仅是推进中国式现代化的必要支撑，也是推进中国式现代化的关键抓手"。[1]随着经济的不断提升，它的发展标准也在不断变化：从宏观角度来看，它的目的在于提升效率；从中观角度来看，它的目的在于改善结构；从微观角度来看，它的目的在于促进市场的健康发展。然而，过去，对地方经济的发展往往停留在总体的研究上，而缺乏实践的探索。通过对区域经济的全局性、系统性和可持续性的研究，我们可以深入探讨其高质量发展的基本原则，并以宏观、中观和微观三个层面的视角，结合实践，深入挖掘其背后的理论逻辑，为其高质量发展提供有效的指导。

1. 从宏观上区域经济高质量发展的逻辑机理

效率是区域经济高质量发展的关键因素，可以提升区域潜在增长率和要素利用效率，其具体实现机制可以从以下两个方面来探究：

一是通过优化生产要素配置，以及宏观层面的区域经济长期变动，可以提升区域经济的高质量发展水平，其中，潜在生产率可以反映出各种资源的最佳利用效率，从而为实现区域经济的高质量发展提供可靠的基础。为了实现区域经济的高质量发展，必须提升实际或潜在的生产要素的数量、质量和配置效率。这些要素的实际利用效率受到总需求的影响，如果出现变化，就会导致区域经济出现周期性波动。因此，我们应该努力提升这些要素的实际利用效率，以确保经济的稳定增长，避免出现剧烈的波动。通过稳定的区域经济发展，可以有效地防止大规模的经济波动，从而使区域经济运行更加稳定。实际增长速度受需求因素影响，

---

[1] 孙久文，苏玺鉴.新时代区域高质量发展的理论创新和实践探索[J].经济纵横，2020，No.411（02）：6-14+2.

而潜在生产率则取决于供给因素，因此，在当前的区域经济状况下，改善潜在生产率需要相当长的时间，而实际增长速度的变化则更为迅速。

二是在宏观层面上，区域经济的高质量发展取决于生产效率的提升。一个地区的经济体系不仅能够促进生产效率的提升，而且还能够与之呈现出正相关的趋势。此外，制度的建立也是影响区域经济长期发展的关键因素，它可以降低社会信息流通的成本。当不同的经济制度彼此兼容、信息流通畅通时，各个经济主体的市场信息就会更加完善，从而使得市场能够更有效地配置资源。在区域经济发展的结构性变迁过程中，资源配置问题是一个重要的考量因素。如果要素完全流动，那么农业和非农业部门之间的要素回报率将会得到相同的报酬，而且由于价格不存在扭曲，这将有助于最大化提高区域全要素生产率。如果价格存在不公平的波动，那么由于价格效应和规模效应的共同作用，将会导致区域内的全要素生产率无法达到最佳水平。

2. 从中观上区域经济高质量发展的逻辑机理

结构标准是实现区域经济高质量发展的关键，其中优化区域产业结构尤为重要。通过协调优化产业结构，可以有效地推动各类生产要素和资源流向效率更高的部门，从而促进科技创新、优化资源配置和保护生态环境，进而实现区域经济高质量发展。

首先，通过科技创新，我们可以大幅改变农业生产经营方式，从而推动区域农业经济的高质量发展。

一是以科技创新提升农业发展水平，促进农业的绿色生产，使其朝着更加节约、更加可持续的方向发展。采取全面的改革措施，打破传统的农业生产经营模式，促进农业生产的高效率、高品质和高附加值的发展，以满足社会对可持续发展的需求。

二是通过完善农业产业组织，推动农业经营和组织制度的现代化，彻底改变长期以来分散的小规模经营模式，实现农业可持续发展。

三是人力资本在农业现代化发展中扮演着至关重要的角色，因此，应该加大对农民的投资，提升他们的教育水平，并鼓励创新创业人才参与农业，以推动新技术和新产品的研发、培育和普及。

其次，通过新型工业化和工业现代化的协同发展，我们可以实现区域工业经济的高质量发展，并充分利用科学技术创新的潜力，推动其实现高质量发展。

一是推动产业化创新，提升工业生产效率，促进产业结构朝着中高端发展，我们应该加强产学研协同创新，实现重大专项技术突破，培育未来的主导产业。

二是应该转变经济发展方式，解决当前工业生产中资源利用效率低下和生态环境破坏的问题，以实现经济、社会、人类与自然的可持续和谐发展。通过加强区域产业数字化和数字产业化的协同发展，不断提升区域产业基础能力，增强区域数字化水平，充分利用我国丰富的人力资源，培育高素质的创新创业人才，为促进产业创新和产业结构调整提供有力的支撑。

最后，第三产业的发展可以极大地推动区域经济的高质量发展。消费不仅是社会再生产的基础，更是其发展的催化剂，它可以激发出更多的活力，从而推动现代生产力的发展，并有助于优化和升级区域的产业结构。为了实现区域经济的高质量发展，我们必须摒弃过去依赖投资和出口来推动经济增长的模式，而是要加强对消费和投资的协调，以实现更加可持续的发展。

一是提升区域居民的消费能力，提高收入水平，我们应该重视调整分配结构，合理缩小贫富差距，完善社会保障体系，为居民提供住房、医疗、教育、就业和养老等方面的合理保障，以促进居民对未来生活的良好预期。

二是在数字经济的大背景下，重视培育和发展区域现代服务业和消费性服务业，以"互联网+"为指导，不断推动互联网和服务业的融合发展。消费性服务业应该致力于满足当地居民日益增长的多样化需求，实现服务的多元化和专业化。

3. 从微观上区域经济高质量发展的逻辑机理

在微观层面，区域经济高质量发展的关键在于企业创新，以满足市场需求，实现最大化效益。因此，企业应该积极探索创新模式，充分利用人力资本，以提升区域经济的质量和效率。

第一，微观层面企业创新促进区域经济高质量发展。企业创新是一种不断探索和实践的过程，旨在通过引入先进技术、提升产品质量、拓展生产可能性，以及开拓新的市场，来推动区域经济的高质量发展。它不仅可以改变传统的生产模式，而且还可以激发新兴产业的发展，从而实现区域经济的高质量发展。通过协调区域生产要素分配，使市场机制发挥其最大作用，促进资源从低效率部门向高效率部门的转移，提升资源配置效率，从而推动区域经济实现高质量发展。

第二，微观层面企业商业模式创新促进区域经济高质量发展。企业商业模式创新是一种改变传统商业模式的过程，它涉及产品、工艺、组织结构等多个方面，旨在通过创新的方式来提高企业的竞争力，并为客户带来更多的收益。与技术创新不同，商业模式创新更多地关注如何提升组织形态和服务方式，以满足客户的需求。企业商业模式创新应以客户需求为导向，通过提高效率和满足客户期望的产品特征来激发竞争力，从而降低生产和管理成本，提供更优质的产品。通过提升社会劳动生产力和边际生产效率，促进资源从低效率行业流向高效率行业，推动区域产业结构优化升级，构建现代化产业体系，实现区域经济高质量发展。企业商业模式的创新为区域经济发展带来了巨大的机遇，它不仅开辟了一个全新的可持续发展的产业领域，而且还为企业提供了战略性的竞争优势和持久的盈利能力，从而推动了整个行业的发展，为区域经济的发展提供了强有力的支撑。

从要素驱动转向创新驱动，是推动区域经济高质量发展的关键因素。人力资本作为区域经济发展的核心要素，不仅可以提升区域生产水平，深化分工，还能够延长迂回生产链条，形成更加高效的迂回生产方式，提高产品附加值，实现规模报酬的持续增长，从而促进区域经济的高质量发展。人力资本在促进区域经济高质量发展方面发挥着重要作用，它不仅能够通过内部机制来提升效率，还能够通过外部机制来推动区域经济的发展。人力资本投资不仅能够提升区域经济主体的收益，还能够提高人们处理不均衡状态的能力和效率，从而带来分配效益。此外，教育水平的提升也能够提高劳动者的平均劳动熟练程度和工作效率，降低单位产品的生产成本，从而提升效益。人力资本是一种重要的经济资源，它可以通过提高全要素生产率来间接推动区域经济的高质量发展。人力资本可以帮助劳动者更快地掌握新技术和工艺，并将其与生产过程相结合，从而提升区域的生产力和产品质量。

（三）路径和政策转型

1. 新发展阶段我国区域经济高质量发展的过程

在新的发展阶段，必须将促进区域协调发展作为核心，并且不仅仅关注解决区域差距，更重要的是要培养新的经济增长动力、优势和增长点，从而实现区域经济的高质量发展。为了更好地推动区域发展，应该摒弃传统的抱团取暖式的发展战略，而是采取更加全面、深入的发展策略，实施跨区域协同发展，以期达到更高的经济效益。重点培育区域经济的新动能，提升区域经济的发展能力和现代化水平，以期达到更好的发展目标。为了实现区域经济的高质量发展，必须努力消除不协调、不充分的状况，填补短板，提升区域经济的发展能力和现代化水平。在新的发展阶段，应该采取以下措施来推动区域经济的高质量发展。

首先，为了促进区域经济的高质量发展，必须培育新的增长点。这些增长点应具有巨大的市场潜力，并且增长速度快，具有很强的辐射带动能力。这些增长点可以促进产业的发展，提升投资水平，促进消费，并拓宽开放领域。在新的发展阶段，需要努力培养区域经济的高质量增长点，具体做法如下：

一是培育产业新增长点。为了推动经济发展，我们应该大力发展人工智能、IOT（物联网）和平台经济，以实现数字经济与实体经济的深度融合。

二是培育投资新增长点。应该加强对传统基础设施的投资，利用互联网、大数据和人工智能等新技术来提升和改造传统基础设施，以促进经济的持续增长。重点投资大数据中心、云计算、物联网、工业互联网等数字基础设施，加大对传统产业的数字化改造升级，并大力发展战略性新兴产业和数字化产业，特别是加强企业信息化和智能化改造，以提升经济效率和社会发展水平。

三是培育消费新增长点。加快发展新型消费，实现线上线下融合，推动互联网医疗、在线文娱、智能零售、智能旅游、智能超市、智能体育、智能餐厅等新兴消费模式的普及，促进品牌消费和品质消费的发展。

四是培育区域开放新增长点。通过深入推进"一带一路"大格局的建设，将区域内外开放有机结合，探索国际交流合作和创新开放新模式，实现东西双向互动、陆海内外联动，形成全面开放的新格局。

其次，为了实现区域经济高质量发展，必须努力构建新的增长极，这一理论最初由法国经济学家佩鲁提出，他认为创新型行业在空间上聚集，从而推动一个地区经济增长，并辐射其他地区，形成一个新的发展阶段。新增长极的作用主要表现在：促进经济发展，提升社会福祉，改善人民生活水平，提高经济效率，促进社会和谐发展。

一是对周围地区的辐射效应和扩散效应。在新的发展阶段，经济高质量发展的新增长极作为一个地区的核心，不仅能够提升当地的发展水平，而且还会对周边地区的生产方式和产业布局产生重大影响,从而推动相关行业、部门和企业的发展。

二是增长极通过促进区位经济、规模经济和外部经济带动区域经济增长。"集中的专业化生产和企业间密切的交流合作使得不同企业之间不仅可以提高分工程度、降低管理费用、减少非生产性支出,从而降低边际成本,而且能够促进企业之间共同承担新产品、新技术开发的投入,提高企业自主创新能力和产品竞争力,同时还使得不同企业不断集聚,从而形成稳定而庞大的市场需求和市场供给。"随着新发展阶段的到来,中心城市和城市群已成为区域经济发展的重要支柱,它们不仅聚集了大量的经济增长要素,而且还为区域经济的高质量发展提供了强有力的推动力,因此,应该积极发挥它们的作用。随着经济的发展,中心城市和城市群已成为推动经济高质量发展的重要力量。通过产业外溢、基础设施和公共服务的延伸,这些城市群可以带动区域经济的高质量发展。然而,欠发达地区的城市群尚未完全形成,因此,需要加强中心城市之间的互联互通和分工协同,以发挥其集聚效应、规模效应和范围效应,促进区域经济的高质量发展。

再次,创新区域经济高质量发展战略。将过去的集中式发展战略转变为多元互动、多模式互补的全面深入发展战略,加强区域间的协同配合,推动产业的跨地域布局、人才的跨地域流动、创新要素的跨地域配置、企业的跨地区投资、重大的区域政策的跨地域协同配套,以及促进区域经济的一体化,从而形成区域经济高质量发展的新动力。实现区域共同富裕和共同现代化,"先发展地区为后发展地区提供现代化要素,需要实现效率和共享的包容、先发展地区先富裕后发展地区跨越式发展的包容、市场有效和政府有为的包容"[1],把区域协调发展的重点转向后发展地区。一是促进陆海东西的联动与开放。形成新发展阶段我国经济全面对外开放的新格局,通过建设"一带一路"促进西部地区成为经济开拓的核心区,中部地区发挥腹地广阔优势,东部地区实现产业结构的转型升级。二是打造现代核心经济圈。将经济发展过程中出现的"城市病"问题放在更大的战略空间中进行考虑,对非首都核心功能进行有序疏导和再布局。三是推动长江经济带建设。构建长江流域生态环境保护协调机制,建设沿江绿色生态廊道,同时发挥科技领先和产业体系完备的优势,增强创新活力,为其产业结构向中高端水平迈进

---

[1] 洪银兴. 区域共同富裕和包容性发展 [J]. 经济学动态, 2022, No.736(06):3-10.

提供有力支撑。深入推进西部大开发战略。新发展阶段西部大开发要"立足西部发展以缩小东西部经济差距、融入'一带一路'提升沿线区域发展水平、区域联动协同促进世界经济均衡化发展三大维度，通过补短板、整合区域信息交通资源、协同区域经济平台，实现集合效应最大化"[1]，加强西部地区的基础设施建设，培育重点城市群。五是推动黄河流域经济高质量发展。黄河流域的开发已经从点轴式的增长极式的发展模式转变为相对均衡的发展模式，因此，我们必须坚持以生态环境保护为基础，努力形成上中下游互动、多元一体、大纵横推进的区域经济发展模式，以实现黄河流域的可持续发展。

最后，要实现区域经济的高质量发展，必须以全国统一的大市场为基础，这样才能够更好地实现资源的有效配置，从而促进区域协调发展。现代市场体系的完善、开放、竞争和统一，将会极大地推动区域经济的可持续发展。随着区域统一大市场的建立，为了实现区域经济的高质量发展，我们必须积极融入全国统一大市场，并且在以下几个方面加强努力。

一是为了促进生产要素有序自由流动，必须消除一切体制障碍，消除城乡之间和区域之间的壁垒，让不同地区的居民在公共服务、社会保障和经济政策等方面享有平等的权利和自由，以此为基础，实现城乡区域经济的高质量发展。

二是建立一套完善的市场规则，创造良好的生产经营环境。同时还要处理好市场与政府之间的关系，让市场在资源配置中发挥决定性作用，而政府则要提供优质的公共服务，加强市场监管，发挥主导作用。

三是着力形成市场一体化。为了实现区域经济的高质量发展，必须建立一个完善的市场体系，这个体系的核心就是市场一体化。它不仅涉及商品、要素、服务等方面，还涉及市场规则和制度的完善，以及市场的整体性，它旨在将市场从地方性的分割转变为跨地域的一体化，并且促进不同地区之间的市场联系。

2. 新发展阶段我国区域经济高质量发展的政策的转型

随着新发展阶段的到来，必须加快区域经济政策转型，以实现高质量发展为目标，构建宏观、整体的政策体系，以提升区域经济发展水平。同时，要加快建立地区间协同发展机制，缩小地区间发展差距，有效提升区域经济高质量发展能力，以促进经济社会可持续发展。

---

[1] 李杰. 双循环格局下西部大开发促进区域协调发展机理效应论析[J]. 四川大学学报（哲学社会科学版），2022，No.238（01）：161-172.

（1）从区域经济数量型政策调控转向区域经济质量效益型政策调控

为了实现区域经济的高质量发展，宏观政策应该与效率型经济多元化增长的新特征相结合，从而推动传导机制和运行机制的转变，以质量为导向。政策调控应以发挥要素创新作用为基础，实施创新驱动战略，建立绿色循环机制，以提升区域经济效率为目标。

一是在传统生产领域，应采取多种创新模式，如提高要素质量、技术创新等，以提升产品的附加值，增强产品竞争力，减少传统要素消耗带来的损失。对三大沿海地区而言，经济政策调控的核心在于释放多领域创新的红利，并与现代化生产路径相结合。

二是在新兴的生产领域，应该充分利用创新的效率溢出效应，促进区域数字技术和数据要素的双轮驱动，加快数字经济与实体经济、制造业的深度融合，挖掘新的生产要素，弥补原有要素的不足，拓展创新技术的影响范围，从而发挥乘数效应。东北地区应该加强经济政策调控，重点关注老工业基地的复苏，提升人口质量，并且要充分利用政府挤出效应，以及新兴民营经济的发展潜力，实现差异化发展。同时，要放弃数量考核，将质量作为转型的重点，给予经济政策和市场机制更多的缓冲时间。长江和黄河中游地区正在以较快的速度追赶，这为质量型经济调控提供了一个重要机遇。为此，区域经济政策调控的核心是稳健创新，走出低端锁定陷阱，实现规模效率与技术效率的双赢，同时注重改善要素质量和效率，以改变中高净值低贡献度的扭曲状态，实现质量型跨越。西部地区的数量和质量都处于落后状态，因此，实施质量转型的需求迫在眉睫。为此，区域经济政策的核心任务是追赶超越，探索具有地方特色的发展模式，以提高效率为调控重点，摆脱要素投入式的依赖。

（2）从区域经济增长极政策调控转向区域协调发展调控

随着时代的进步，数量型经济增长已经超越了短期的增速，而是更加注重长远的发展。然而，由于各地的资源配置和管理水平的差异，使得各地的投资水平存在较大的变动，从而形成了各地的增长结果和效益的多样性。这种多层次的分化也正是推动新一轮区域经济高质量发展的关键因素。为了克服当前的发展失衡，我们应该加强区域协同发展的理念，采取更加积极的措施来推动区域经济的均衡发展，并将重点放在弥补短板、提升优势和改善薄弱环节上。以优化结构布局为基础，加强原有高成长性产业的推动作用，打破区域经济系统内部的高吸引力和低回报的限制，使得区域内的各种因素能够达到均衡，从而减少区域间发展的不平等。长江和黄河中游与西部地区存在多层次差异，为了推动区域经济的高质量发展，各省、市政府应当加强合作，建立明确的主体功能区，充分发挥地方政府的积极性，拓宽区域发展的空间，实现区域经济的协调可持续发展。

（3）从区域转移调控转向区域内生创新调控

在数量型经济增长阶段，政府资源的转移往往会导致欠发达地区的盈余得到弥补，这种做法在短期内可能会有所帮助，但从长远来看，这种做法很难改善欠发达地区的竞争力。因此，在高质量发展阶段，应该将事后的成果转移转变为内生的创新驱动，以激发区域经济的内在活力和自我增长能力。为了实现区域经济的高质量发展，需要主观和客观双重条件。在主观上，需要创新主体突破低端需求的限制，以更高的思想和技术理念引导创新行为。在客观上，需要打破传统机制对创新的阻碍，着力在供给端加强创新机制的建设和保障。

一是着力于推动区域经济高质量发展，充分认识到数字经济的重要性，"把数字经济培育成为推动经济高质量发展的核心动能"。[①]

二是加强与调动区域创新积极性，实施区域创新驱动战略，建立完善的区域创新体系，并建立有效的体制机制，以提升区域创新能力。

三是推动区域经济走向全球中高端价值链，我们需要建立一套有效的激励机制和保障机制，以支持新业态、新品牌的发展。

四是加强对创新人才和团队的培养，以保证高质量发展战略和区域创新驱动发展战略的有效实施。

（4）从区域需求管理调控转向绿色供求动态平衡调控

需求管理和供给管理是区域经济发展的两大重要组成部分，需求管理旨在调节需求，以满足"三驾马车"规定的增长目标，但随着增长红利的逐渐减弱，凯恩斯主义增长模式已经不再适用。供给管理是一种有效的调节方式，旨在实现长期的增长目标，以便与潜在增长模式和效率提升阶段的质量转型相匹配。然而，"三期叠加"危机的频发，以及国际贸易博弈背景和国内要素结构变迁，都暴露

[①] 王军，刘小凤，朱杰.数字经济能否推动区域经济高质量发展？[J].中国软科学，2023（01）：206-214.

出了长期需求管理的不足之处。当前，以生产为基础的供给侧主动调控已成为促进区域经济高质量发展的关键，其中包括对传统产业的改造、激励新兴产业的发展、构建现代化的产业体系，以及培育新的经济增长动力和竞争优势。为了避免供给侧调控偏重于单一需求管理，我们应该在新时代给供给和需求双方带来更多的绿色动态，而不是仅仅追求单一层面的过度干预。相反，我们应该在区域内部重点关注生产领域的绿色调控，以实现供给和需求的动态平衡。通过探索有效的需求模式，构建区域新型消费体系，培育新的投资增长点，推动区域经济实施高水平开放，建立外部供给与内部需求的有机结合，实现供给侧与需求侧的有机衔接，形成内外协同发展的新格局，从而实现区域经济的高质量发展。

（5）从区域非均衡经济政策转向区域均衡经济政策的调整

政府应该重点关注非均衡区域的经济发展，通过提供政策支持和优惠措施来改善基础设施和制度环境，促进不同地区的发展模式。同时，政府也应该通过行政干预来促进要素流动和产业布局，以实现部分地区的快速发展。然而，不平衡的区域经济政策加剧了地区间的差异性和不协调性。因此，为了实现区域经济的高质量发展，我们需要积极调整区域经济政策，从非均衡的经济政策转向均衡的经济政策，以弥补空间差异并促进区域发展。

第二节 区域协调发展与区域经济高质量发展的相关概论

一、协调与协调发展的概念

正确的理解"协调"一词是分析区域协调发展本质的前提。"协调"作为形容词，是和谐（harmonious）的意思；作为动词，是协同、融合协作（coordinate）的意思，即统筹。其概念都涉及两个或两个以上客体之间的关系，描述了系统内部各要素的良性互动关系，强调系统内部的协调。因此，协调与否，就是关系处理得怎样，实质是利益的追求和分配，即效率和公平的平衡。

从语义上讲，"协调"中的"协""调"同义，都具有和谐、统筹、均衡等富有理想色彩的哲学含义，"协调"即配合得当，指尊重客观规律，强调事物之间的联系，坚持对立统一，取中正立场，避免忽左忽右两种极端的理想状态。①

"协调"和"物竞天择，适者生存"都是古代哲学思想的重要组成部分，它们提出了一种理想的状态，即协调与协调发展。"天人合一""中庸之道"和"兼容并包"都是古代哲学思想的典范，它们为早期的经济发展理论提供了重要的理论基础，而"物竞天择，适者生存"和"以人为中心"则更进一步强调了协调理念的重要性。

政治经济学的开创者威廉·配第（William Petty）认为，等价交换意味着协调。在亚当·斯密的古典经济学中，协调意味着经济人在专业分工基础上的自由选择、自愿合作以及自愿交换，在这种经济模式中，"看不见的手"是协调的最好工具，"自由放任"是协调的最好政策②。

现代社会的发展需要协调与协调发展，这是在对人类社会发展的深刻思考基础上得出的结论。长期以来，经济增长一直是世界各国努力追求的目标，但这种快速增长也带来了一些外部因素，例如资源的浪费和生态环境的破坏。

1972年，罗马俱乐部发表了《增长的极限：罗马俱乐部关于人类困境的研究报告》，对高速经济增长所引起的负面外部性表示了担忧。1987年，联合国世界环境与发展委员会在《我们共同的未来》中提出了"可持续发展"的概念，认为可持续发展是"既能满足当代人的需求，又不危及后代人的需求的一种发展模式"③，其核心是经济、社会、人口、环境资源以及科技各个方面相互协调、共同发展。

可持续发展的核心思想是协调和均衡，它们构成了一个完整的系统，以实现可持续的发展。然而，吴殿廷等学者指出，可持续发展与协调发展的概念存在明显的差异，前者更加强调发展的过程，以及解决时间序列上的问题；而后者则更加注重人地关系、人人关系、经济发展与社会发展的关系，以及实现全面的可持续发展。在效率和公平之间，这种关系可以被视为一个时间序列中的重要因素。

可以说，协调发展的概念是指通过协调各个系统，充分利用各要素的优势和潜力，使每个发展要素都能满足其他发展要素的需求，从而实现经济社会的持续、

---

① 崔满红. 金融资源理论[M]. 北京：中国财政经济出版社，2002.
② 斯密著. 国富论[M]. 郭大力，王亚南，译. 南京：译林出版社，2011.
③ BRUNDLAND G H.Our common future[M].New York：Oxford University Press，1987.

均衡、健康发展。因此，协调发展的概念旨在促进各个系统的均衡发展，实现经济社会的可持续发展。

二、区域协调发展的概念

目前，关于区域协调发展的研究文献很多。一般而言，关于区域协调发展的概念主要有以下几种观点：一是区域协调发展是一个过程；二是区域协调发展是一种持续的进步；三是区域协调发展不仅体现在一个过程中，更体现在一种状态；四是区域协调发展是一种可持续的模式，可以实现更高水平的发展；五是区域协调发展是一种可持续的战略；六是区域协调发展是效率与公平的不同组合。具体如表1-2-1所示。

表1-2-1 对区域协调发展概念的几种认识

观点	核心思想
区域协调发展是一个过程	覃成林定义区域协调发展是区域之间在经济交往上日益密切相互依赖日益加深、发展上关联互动，从而达到各区域的经济均持续发展的过程。张可云定义区域协调发展是在区域经济非均衡发展过程中不断追求区域间的相对平衡和动态协调的发展过程，其最终目标是实现区域和谐
区域协调发展是一种状态	区域协调发展是不同区域基于自身要素禀赋的特点，确定不同要素约束条件下的开发模式，形成合理的分工，同时在政府的调控下，保持区域之间的发展条件、人民生活水平的差距在合理的范围内，人与自然之间保持和谐状态下的发展状态
区域协调发展不仅是一个过程，也是一种状态	区域之间相互开放、经济交往日益密切、区域分工趋于合理，既保持区域经济整体高效增长，又把区域之间经济发展的差距控制在合理、适度的范围内并逐步收敛，达到区域之间经济发展的正向促进、良性互动的状态和过程
区域协调发展是一种模式	区域协调发展是指在国民经济的发展过程中，既要保持国民经济的高效运转和适度增长，又要促进各区域的经济发展，使区域间的经济差异稳定在合理、适度的范围内，达到各区域优势互补、共同发展和共同繁荣的一种区域经济发展模式

续表

观点	核心思想
区域协调发展是一种战略	把区域协调发展理解为一种不同于平衡发展战略和不平衡发展战略的第三条区域经济发展战略
区域协调发展是效率与公平的不同组合	区域协调发展就是协调区域发展中的效率与公平，实现区域利益的"分享式改进"，最终实现共同富裕

如表1-2-1所示，目前学术界关于区域协调发展概念的几种认识可以归结为三方面的争议：一是关于区域协调发展是状态还是过程的争议，二是关于区域协调发展目的的争议，三是关于区域协调发展所涉及范围的争议。

第一个方面的争议在于，区域协调发展追求的究竟是状态的协调还是过程的协调，抑或是两者兼备。这个争议的关键在于从何种视角去观察区域问题。从动态的视角来看，协调是一个持续发展的过程；而从静态的视角来看，协调则是一种状态，可以通过相关数据进行比较，从而更好地理解和解决区域问题。因此，区域协调发展是一种复杂的过程，既包含动态变化，也包含静态变化，既有过程又有状态。

第二个方面的争议在于，区域协调发展是为了达到区域之间的平衡发展，还是区域之间保持一定差距的非平衡发展，抑或是为了达到区域整体快速发展。协调就本义而言，具有和谐、平衡之意。从字面意思来看，人们很容易将"协调发展"等同于"平衡发展"。因此，区域协调发展应当是以区域整体的发展为目标，各区域之间求大同、存小异，共同努力将区域之间的发展差距缩小或保持在合理的范围内。

第三个方面的争议在于，区域协调发展不仅仅是经济领域的研究，而是涉及区域经济、社会等多个方面的综合性研究。经济发展是区域发展的基础，也是影响区域社会发展的重要因素，因此，学者们正在努力探索更加全面、更加有效的区域协调发展模式，以实现区域经济的可持续发展。从辩证的角度来看，区域协调发展应该是一个综合性的概念，它涉及经济、社会、生态环境等多个方面，以实现可持续发展。

根据学术界的共识，区域协调发展的概念应当是：从国家战略的角度出发，以提高区域整体发展水平、实现效率和公平性为目标，充分利用区域内各要素的优势和潜力，促进区域间要素的自由流通，使每个区域都能满足其他地区的发展需求，实现整体功能，同时保持区域差异在一个社会可接受的范围内，或者逐渐减少。随着区域间经济、社会和生态环境的不断交流与合作，一种充满活力的、多元化的区域发展模式就会形成。

三、区域协调发展的内涵

一般而言，区域协调发展的内涵主要指区域经济发展在质与量两方面的相互平衡，以及经济结构与产业结构等经济要素的相互协调。近年来，随着发展理念的不断演变，人们对区域协调发展的认识也在不断加深。以往，人们更多地从平衡发展或空间均衡的角度来看待区域协调发展，但如今，平衡布局、平衡增长以及缩小地区经济发展差距，尤其是人均国内生产总值（GDP）差距，已经成为学术界和政府部门共同关注的重要课题。然而，仅仅从生产或产出的角度来看，这种方法存在较大的局限性。因为在市场经济中，经济生产和产业活动的分布存在空间不均衡的问题。随着时代的发展，人们开始将关注点扩大到社会进步、生态环境保护和人类全面发展等方面，努力缩小居民收入差距、提高消费水平、改善公共服务和提升生活质量，并加强人们自身发展的可行性，以促进自由的实现。

随着国际国内环境的变化和新形势的出现，我国正在迈向一个重要的转型时期，以实现区域协调发展。这不仅仅是一种经济发展，而是一种全面的、可持续的发展，它既要考虑当前的利益，又要考虑长远的利益，并将经济发展与生态环境保护有机结合起来。除了过去强调的经济协调发展外，我们还应该重视社会文化的协调发展，努力实现可持续发展和人的全面发展。具体来说，区域协调发展的内涵应该包括以下几个方面。

（一）全面的协调发展

区域协调发展不仅涉及地区间经济、社会和生态环境的均衡发展，更要求城乡之间的和谐共处、人与自然的和谐共存、经济与社会的和谐发展。虽然经济增长是一个重要的因素，但它也不能被视为唯一的发展目标，教育、卫生、社会保障等公共服务也是促进区域协调发展的重要因素,应该在经济发展的基础上,更加注重社会发展的可持续性和公平性。

由于各地发展条件的差异,工业化和城市化的推进不可能同时实现,一些地区作为重要的生态功能区,必须实行严格的开发限制,以确保经济活动的均衡分布。然而,作为我国公民,无论居住在何处,都应该享受到平等的基本公共服务,以保持生活质量的基本一致性。

(二)可持续的协调发展

为了实现可持续发展,区域协调发展必须以节约资源、保护环境为前提,制定科学的规章制度和政策措施,有效地利用各地区的资源,实现生产、生活、生态的有机结合,从而形成一个健康、协调的发展格局。

一方面,为了保护生态环境,应该在各个地区采取措施,实施绿色发展计划,以促进人与自然的和谐共存。另一方面,加强地区之间的生态环境保护合作,建立完善的生态补偿机制,打造一条完整的生态廊道和生态网络体系,以促进区域生态的协调发展。

(三)创新型的协调发展

为了促进区域协调发展,必须建立一系列有效的创新机制,以便各利益相关方能够共同参与,解决跨地域的生态补偿、基础设施建设、重大项目等问题,从而有效地缓解区域冲突,实现区域可持续发展。应当采取创新的社会管理模式,吸引更多利益相关者参与,以缓解可能出现的地区利益冲突,促进社会和谐,实现区域社会、经济和生态的协调发展。

第三节 区域协调发展进程中面临的问题

一、东部与西部区域经济发展不平衡

改革开放 40 多年来,随着经济快速增长,我国的发展不均衡问题逐渐凸显,区域发展不平衡、城乡发展不平衡等问题更加突出。我国居民收入总体上呈现逐

年上升的发展趋势,但不同区域之间的人均可支配收入存在很大差距,东部地区人均可支配收入超过了全国人均可支配收入的标准,东北地区的数额与全国平均数相近,而中部、西部地区的人均可支配收入与全国平均数相差较大。

东、中、西部区域间产业经济发展存在较大差异,区域间产业发展不均衡问题逐渐凸显。东部地区已经建立起一个具有全球价值链的外向型产业集群,并且在未来的发展过程中,将充分利用劳动力、能源、地理位置等优势,积极开发出具有全球竞争力的出口导向型产业,以满足全球市场的需求;而中西部地区则仍然以内向型产业发展为主,努力推动经济结构调整和社会发展。在东部地区,高新技术、加工工业和服务业是主要的产业集群,市场结构也相对较为成熟。相比之下,中西部地区则以农业、能源、原材料和机械制造业为主,这些行业的市场结构更加垄断。由于区域间产业发展的不均衡,导致中西部地区的资源和劳动力被过度利用,从而削弱了区域经济的协调性,进而加剧了区域发展的不平衡。此外,中西部地区的要素供给量也比东部地区更多,因此,它们需要加快产业升级,以提高自身的竞争力,实现可持续的发展。

二、南部与北部区域发展不平衡

全国四大区域经济板块中,东部地区经济最为发达,西部经济增长最快,中部地区稳步增长,东北地区经济滞后。近年来,南北区域分化态势明显,呈现出产业转型"南快北慢"、科技创新"南高北低"、营商环境"南优北平"、资源配置"南进北出"的特点。南北经济发展不平衡现象凸显,尤其是东北地区,人口流出、企业竞争力不足、经济增长乏力等问题突出。经济增速"南快北慢",经济总量占比"南升北降"的特点逐渐显现。

数据显示:2013年以来,南北城市群的产业价格和数量都出现了"结构性减速"的双重变化,但是北方城市群的结构性减速程度更为明显,第二产业结构的急剧下降和竞争双优势使得它们失去了在全国经济发展中的优势,而南方城市群则以其快速增长的第三产业结构优势和强劲的第二、第三产业竞争优势,不仅弥补了第二产业结构性减速对经济增长的负面影响,而且还为经济发展带来了新的机遇和挑战,使得它们能够在全国范围内取得更大的经济增长。这也使得该地区在全国经济中占据了优势地位,导致了南北方经济的分化。此外在2013—2020

年间，西南方和中部的黔中、成渝以及长江中游等后发城市群的经济增长表现出了显著的优势，而呼包鄂榆、哈长和辽中南城市群则表现出了明显的劣势。进一步分析可以发现，北方城市群的产业结构高级化（以快速提升第三产业占比为导向的产业高级化调整）比南方城市群更加严重，这种失真现象使得南北经济增长率和产业竞争力之间的差距变得更加明显，这与2013—2020期间南北城市群产业结构性减速的差异表现是一致的。南方城市群的经济增长优势不仅来自其低成本的产业结构，还得益于其产业结构合理化对产业竞争力的促进作用。[1]

四大区域之间的差距较大，尤其是东北地区的营商环境亟须改善。南北经济不平衡发展，是新时代制定区域发展战略和政策必须考虑的国情。因此，在继续推进东、中西部协调发展，缩小东西差距的同时，也要关注南北经济发展的统筹。

三、城市与乡村发展不平衡

随着社会主义初级阶段的到来，我国发展的基础与其他世界强国仍存在一定差距，城乡发展不平衡问题日益突出，形成了城乡二元化结构。为了解决这一问题，国家决策层采取了先强国富国、先集体后个人的发展思想，努力推动国家经济社会发展，实现国家的强大和繁荣。随着工业化的飞速发展，城市成为当时发展战略中不可或缺的一环，国家也给予了它们最大的支持，包括资金政策、劳动力等资源的投入。在"三大支柱"和"剪刀差"的传统体制下，农民通过收取农业税和调整农产品价格来为国家的工业化积累资金，但这种做法导致了城乡关系的严重失衡，农业农村自身发展能力的削弱，从而严重阻碍了农村的发展。随着国家采取一系列措施，严格划分农村人口和城市人口，两者之间的差距变得越来越明显，中国城乡发展的差距也因此变得越来越大。

同时，我国拥有广阔的领土，南北、东西跨度极大，自然条件也存在明显的差异。正如之前提到的，大城市多聚集在东部沿海地区，而贫困落后的乡村则多分布在西部地区。从自然条件来看，东部地区的地形多为平原，气候宜人，土壤肥沃，非常适合居住，也有利于各种产业的发展。西部地区的山地和丘陵地形使得交通条件较为落后，信息传输也比较困难，这给当地的经济发展带来了极大的

---

[1] 丁任重，王河欢. 城市群经济差异、产业结构与南北经济分化[J]. 财贸经济，2022，43（12）：128-143.

不利影响，使得西部农村地区的发展远远落后于城市，城乡之间的发展差距也日益拉大。

随着城乡发展差距的不断拉大，大量资本和劳动力涌向城市，给农村经济发展带来了巨大挑战，农村地区缺乏足够的吸引力来吸引外来资本，劳动力大量流失，使得农村地区想要摆脱困境变得更加困难。为了追求GDP的增长，地方官员将GDP增长所依赖的城市作为首要发展目标，将资源投入到这些城市，以此来推动农村经济的发展。尽管地方政府正在努力实现脱贫，但这并不意味着农村地区的发展会得到改善。相反，城乡经济差距的扩大会给国家的宏观调控带来挑战，使我国的经济难以稳定健康地发展。

随着大量资源和人才涌入城市，不仅对农村经济发展造成了巨大影响，也引发了一系列社会问题。农村青壮年劳动力纷纷进城务工，导致许多空巢老人和留守儿童无法得到充分的保障，他们的情感也得不到足够的关怀和照顾，而留守儿童的心理健康成长也成为一个棘手的问题。由于城乡发展差距过大，经济不平等导致犯罪率上升，促使抢劫、盗窃等犯罪行为的出现，这种不稳定因素严重影响了社会的和谐与均衡发展。

四、区域发展规划出现碎片化

随着我国区域发展战略的不断完善，各发展战略区之间的联系和协调日益紧密，但仍存在着区域发展规划的碎片化现象。我国现存的全国性整体规划，如主体功能区规划、土地利用规划、城镇体系规划等，还没有将全国各地区间整体性衔接问题纳入专项研究。根据当地的资源环境承载能力、可持续发展的潜力，制定一个全国性的主体功能区规划，以期实现未来人口分布、经济布局、国土利用和城镇化的均衡发展。该规划将国土空间划分为优化开发、重点开发、限制开发和禁止开发四类，以此来确立主体功能定位，明确发展方向，控制发展强度，规范发展秩序，完善发展政策，最终实现人口、经济、资源环境的协调发展。然而，在区域间合作方面还需要更多的探索和实践。土地利用规划是一种综合性的战略性布局，旨在根据国家社会经济可持续发展的要求，结合当地自然、经济和社会条件，在空间上和时间上合理安排土地开发、利用、治理和保护，以实现可持续发展的目标。城镇体系规划是针对城镇发展战略的研究，是在一个特定范围内合理进行城镇布局，优化区域环境，配置区域基础设施，明确不同层次的城镇地位、性质和作用，综合协调相互关系，以实现区域经济、社会、空间的可持续发展。土地利用规划和城镇体系规划分别是针对国家土地资源和城镇化布局的专项规划，各区域间、各专项规划之间的协调还需要完善。

当前，亟须体制机制创新，破除长期阻碍区域协调发展的体制障碍，提高区域政策的精准度和有效性，适应区域发展的新形势和新趋势。在适应区域协调发展新要素、新态势、新结构的基础上，完善区域政策和改革体制机制，促进高质量区域协调发展，服务于全国经济高质量发展的大局。

第四节　促进区域协调实现经济高质量发展的思路及建议

习近平总书记在2019年中央财经委员会第五次会议上，提出了新形势下促进区域协调发展总的思路，即按照客观经济规律调整完善区域政策体系，发挥各地区比较优势，促进各类要素合理流动和高效集聚，增强创新发展动力，加快构建高质量发展的动力系统，增强中心城市和城市群等经济发展优势区域的经济和人口承载能力，增强其他地区在保障粮食安全、生态安全、边疆安全等方面的功能，形成优势互补、高质量发展的区域经济布局。中央经济工作会议上，习近平总书记又进一步提出，要加快落实区域发展战略，完善区域政策和空间布局，发挥各地比较优势，构建全国高质量发展的新动力源，推进京津冀协同发展、长三角一体化发展、粤港澳大湾区建设，打造世界级创新平台和增长极。两次会议对我国区域经济布局做了面向第二个百年目标的战略性谋划。

区域协调发展是新时代我国区域经济的总体战略。党的十九大报告首次将区域协调发展上升为国家战略，明确提出坚定实施区域协调发展战略，这既是对原有区域发展总体战略的丰富完善，也是对长期以来坚持区域协调发展的全面提升。新形势下，应立足发挥各地区比较优势，最大限度地创造发展机会公平的环境，调动各地发展的主动性和创造性，在促进经济发展和提高居民收入水平的过程中逐步缩小区域差距，深化改革开放，坚决破除地区之间利益藩篱和政策壁垒，加快形成统筹有力、竞争有序、绿色协调、共享共赢的区域协调发展新机制，实现区域协调发展。

一、充分发挥"四大板块"比较优势,形成合理分工、优化发展的区域格局

自改革开放以来,我国积极推进东部先行、西部开拓、东北振兴和中部崛起的战略,为全国区域发展提供了强有力的支撑。东、中、西和东北"四大板块"是我国区域战略的基础,是对国土面积全覆盖的区域发展战略。充分激发、挖掘和发挥地区发展比较优势,鼓励各地区依托基础条件和特色资源,探索差异化的高质量发展路子,推动区域优势互补,协同提升地区发展竞争力,是改革开放40多年来我国区域协调发展的重要经验之一。基于"四大板块"的区域发展战略形成了我国区域发展的空间平衡机制,但各板块的区位优势和资源条件发展基础差别大,承担的功能不同,战略定位应有所区别。党的十九大报告对"四大板块"发展战略重点作出了明确论述,要求西部开发重在强化举措、东北振兴重在深化改革、中部崛起重在发挥优势、东部率先重在创新引领。基于新时代新要求,应进一步优化调整"四大板块"各自发展战略方向和重点,坚持不同板块采取不同的发展策略,促进我国区域政策朝着差异化、精准化方向发展,通过挖掘和发挥各板块的比较优势,寻求发展新动能。

(一)东部:发挥创新引领,支撑国家整体竞争实力

东部地区是我国改革开放先行区,区位优势明显,在全国经济发展中始终发挥着引领作用。广东、江苏、浙江等省的地区生产总值超过世界上很多大国,可谓富可敌国。东部地区作为我国经济最发达、创新资源最集中的地区,代表着国家的创新能力和国际竞争力。中央确定的新的重大区域发展战略中,京津冀协同发展、粤港澳大湾区、长三角一体化都在东部地区,这充分体现了东部在国家现代化建设大局和全方位开放格局中举足轻重的战略地位,以及作为高质量发展支柱力量,是未来我国经济发展增长带,应发挥稳固我国经济发展大局、全面提升国际竞争力的重要作用。

近年来,东部地区对于资本、人才等要素的吸引力持续增强,先发优势不断得到强化。进入新时代,东部地区要坚持党的十九大要求的"东部率先重在创新引领"的定位,坚持创新驱动,以创新能力带动产业转型升级,为区域经济发展注入新的活力和发展动能。经过30多年的高速发展,东部地区发展面临劳动力

成本高，土地资源、环境容量资源约束等一系列问题，只有进一步转变发展方式，加大创新投入，使科技进步成为东部地区经济增长的主要动力，才能实现持续的高质量发展，更好地发挥东部地区对我国区域协调发展的引领作用。

第一，发挥东部地区创新带动作用。核心是要发挥好东部地区的教育、科研、人才资源优势和资本、技术聚集力强的优势，突出强化原创性科技创新，抢占前沿科技制高点，加快"卡脖子"关键核心技术自主化，推动核心产业融入全球产业链和价值链中高端，成为国家竞争力的重要支撑，引领区域创新发展，努力打造成为全国乃至世界科技创新的领军区域。同时，应与中西部地区加强创新合作，形成差异化分工的国家创新链。鉴于历史和自然因素，西部地区的社会经济基础相对落后，科技投入不足，科技成果的转化和吸纳能力也相对较弱，为此，应该加大科技投入，尤其是加大科技成果转化资金的投入，积极推动东部科技成果的转化和吸收，以及将现有技术进行集成开发，以提升科技资源的配置效率。"四大板块"的出台，不仅彰显出各地区在科技创新领域的差异性，而且还有助于推动区域间的融合与协调，实现全面可持续的发展。

第二，主动加大产业结构调整力度，与其他地区开展创新合作。着眼于提升经济发展质量的战略目标，提高技术进步对经济增长的贡献份额，推进承接产业转移平台建设，主动推动相关产业向中西部地区有序转移。坚持以市场化方式推动产业转移，明确产业转移的重点领域和重点地区，充分发挥自身优势，尊重产业转移规律。

第三，以都市圈和城市群为核心单元，打造具有国际竞争力的区域空间。从发达国家的发展实践来看，都市圈和城市群作为区域发展和竞争的主体，体现了国家整体竞争力。东部地区要在京津冀、长三角、珠三角、粤港澳等区域发展战略的基础上，充分发挥好要素资源集聚的优势，推动都市圈或城市群高质量引领性发展，主动作为破除行政壁垒，探索城市群内构建统一市场的有效路径，为其他区域和城市群发展提供经验。

（二）中部：发挥制造业优势，全力成为国家制造业核心

近年来，中部地区通过发挥自身区位、资源和产业基础优势，经济实现快速发展，正成为未来我国经济发展新的增长极。中部地区是我国重要的农产品、能

源、原材料和装备制造业基地。中部地区是下一个经济周期最具增长潜力的区域，也是未来国家的主要制造业中心，通过产业转移等途径，有机会成为我国未来经济增长的引领区域和支撑地带。要继续实施好中部崛起战略，进一步提升中部崛起战略定位。

第一，夯实中部地区作为国家制造业中心地位。发挥中部地区制造业产业基础和产业特色，通过承接东部地区产业转移，逐步优化产业布局，提升产业集中度和竞争力，把中部地区打造成我国先进制造业基地。通过加强区位交通优势，加快东部产业转移和西部市场开发，重点发展特色优势产业集群，构建具有竞争力的制造业产业体系，提升中心城市的聚集能力，促进要素流动顺畅、资源有效配置，实现经济社会可持续发展。

第二，通过有序推进东部产业向中部转移，有效地分配不同比较优势区域的发展资源，可以有效地优化区域空间格局，从而实现经济社会的均衡发展。随着东部地区要素成本大幅提高，产业转型升级压力增大，产业加快向中部地区转移符合经济规律。从主体功能区划分来看，东部地区多属于优化开放区，中部地区多属于重点开放区，而西部地区则以限制和禁止开发区居多，从这个角度来看，制造业向中部地区梯度转移符合区域比较优势。中部地区已经具备相对坚实的制造业基础，但高质量产业集群还不够，产业集聚效应未能有效发挥。为了提升国家制造业水平，应该有序地推动东部地区的制造业转移，并有效地配置不同地区的发展空间资源。

第三，加强区域层面的互联互通。中部地区承东启西，连接南北，交通网络发达，可依托长江经济带、黄河流域落实高质量发展战略，构建起四大区域联动发展的空间纽带，加强东西部地区的互动与合作。同时要充分利用"一带一路"为中部崛起提供广阔市场和发展空间。

第四，中部地区是我国重要的粮食主产区，对于保障国家粮食安全的重要性要给予充分重视，给予政策保障，部分地区不应再适用经济评价指标，需对保障国家粮食安全和供应的活动给予经济补偿。

（三）西部：维护国家生态与边境安全，成为全面扩大开放的要道

西部地区是我国经济发展的后备地区，尽管西部地区的经济发展水平较低，但其生产总值增长速度明显高于东部，而且人均地区生产总值也远超全国平均水平。特别是西南地区的四川、重庆和贵州等已经进入最快增长省份行列，产业布局完备，特色产业初步形成，成为未来我国发展最具潜力的区域之一。西部地区为保障我国生态安全和边境安全发挥了重要作用，也是我国全面扩大开放的重要通道。

第一，提高国家向西开放水平。依托"一带一路"建设加快西部地区开放步伐，随着中国政府对区域发展战略的重新定位，"一带一路"和"支撑区域"将成为中国经济增长的重要支柱。因此，西部地区应该充分利用陆海新通道，与"一带一路"相连，并与长江经济带相互衔接，建立铁海联运，实现铁路与港口的无缝对接，以提高西部地区的对外开放水平。为了促进中西部地区的经济发展，建立一系列特殊的经济区，作为国家承接产业转移的示范区，要在沿边地区进行重点开发和开放，推动自主创新，加强重点边境口岸的管理，以此作为西部开放的桥梁，为内陆地区的经济发展提供支持。

第二，维护生态安全和边境安全。西部地区是能源资源富集区，其经济发展主要靠能源资源投资拉动，制造业基础薄弱，但西部地区是我国重要的生态屏障，生态价值重大，应发挥比较优势，发展特色产业，实现生态价值转化，将"绿水青山"转化为"金山银山"。由于生态系统脆弱，在主体功能区划分上属于限制开发和禁止开发的居多，制造业只能适度布局，因为西部地区作为流域上游和生态屏障，一旦造成生态破坏，其风险和成本是巨大的。因此，从发挥比较优势的角度看，西部地区的定位应不同于东部创新策源地、中部制造业基地的定位，应以提供生态服务功能为主要定位。通过体制机制改革创新，在资源输出和生态价值输出方面给予西部地区合理收益。另外，西部地区还承担着维护边境安全的重要职能。我国西部地区大多数省份与邻国接壤，是国家边境的重要屏障，承担着维护边境安全的重要职责，也是开展国际区域和次区域合作的重要突破口。

（四）东北：促进产业多元化发展，打造对外开放全新的前沿

东北地区是我国区域经济发展中重要的板块，也面临最大的发展困难。过去东北地区装备工业基础雄厚，但改革开放以后明显落后，跟发达地区差距持续拉大；东北资源枯竭型城市比较多，是区域发展的主要障碍之一；在创新和开放上

思想观念相对落后，混合所有制进展较慢，民营经济欠发达。为了实现东北振兴，必须加大改革力度，解决体制性和结构性的矛盾，特别是在重工业占主导地位、民营经济薄弱、人才外流等方面，着力推动政府职能、营商环境、思想观念的转型，全面提高市场化水平。

第一，解决产业结构单一问题，提升制造业地位。东北地区在大型机械装备制造方面有一定的优势，大型水轮机组、大型风电机组、350千米高速动车组、高档数控机床等先进装备在东北率先实现国产化，高档数控机床产量占全国的1/3。然而当前东北地区面临的经济衰退态势在很大程度上是由产业单一导致的，且内生增长动力缺乏是背后更深层的原因。东北地区必须通过产业多样化，培育产业集群，通过提升内生增长动力，提升经济整体竞争力，重新确立综合制造业基地地位。

第二，发挥面向东北亚开放合作的区位优势。近年来，辽宁沿海经济带、长吉图开发开放先导区、黑龙江沿边经济带开放步伐加快，大连金普新区、哈尔滨新区、长春新区、中德（沈阳）高端装备园、中韩（长春）国际合作示范区等重点开发开放平台也加快形成，并发挥作用。"十四五"期间，应充分发挥东北地区向东北亚开放的优势，在东北地区谋划新的开放战略，基于中日韩自贸区谈判的进程，可探索在大连建设自由贸易港，带动整个东北地区开放发展。丹东作为连接东北亚的重要节点，也可进行新的定位，促进"一带一路"向北延伸，加强东三省内蒙古和山东的合作，共同打造成我国面向东北亚的全面开放平台。

第三，加大改革力度。对东北经济来说，大工业和国有经济是其特点，但改革开放恰好是对大工业和国有经济的组织方式进行调整，在市场经济条件下，东北工业肯定缺乏优势，但对东北大工业和国有经济在中国经济中的地位、对政治稳定的作用等优势也应给予合理的定位并给予应有的政策支持。

二、培育区域增长带，构建高质量发展的新动力源

"四大板块"是我国区域政策的主要载体，基于区域经济发展规律而确定的区域分工体系，对发挥各区域比较优势产生了重要作用。党的十八大以来，党中央、国务院着眼于国内外发展大局，提出"一带一路"倡议、京津冀协同发展、长江经济带发展、粤港澳大湾区建设、长三角一体化发展、黄河流域生态保护和

高质量发展等国家重大战略，以及陆海新通道建设和海洋强国建设等目标，丰富完善了区域总体战略引领体系，标志着东西南北纵横联动、陆海统筹、东西互济的开发开放新格局正在构建和形成。

（一）培育多极经济支撑带，优化区域空间布局

党的十八大以来，京津冀、粤港澳、长三角一体化等新的区域发展战略，更加注重新动力源对高质量区域发展的引领作用。未来，区域经济将会形成一种互补性强、质量更高的格局，具有两大显著特征。

一是推动区域发展从以行政区划为主的管理模式，向行政区和功能区并重的管理模式转变。现在各类区域规划和区域战略都是跨行政区进行的，以更多地体现功能性的一体化。未来功能区必将成为促进区域经济协调发展的重要模式，带动区域呈现相对均衡的发展态势。

二是推动多极支撑带的培育。我国区域空间格局"多极化"趋势开始显现，逐步形成了多条经济支撑带。京津冀、长三角和珠三角已经形成了一条东部沿海发展轴带，而中原城市群、长江中游城市群则形成了贯穿中部地区的纵向发展轴带，与长江经济带这一横向轴带交叉，共同构成我国经济稳定带和动力带；中部、西南和东南三个片区成为中国经济增长的新黄金三角地带。我国区域经济进入"多极并存"的新时代。"十四五"时期，应积极推动"四大板块"和"多极支撑带"的协同发展，加强东西部地区的经济联动，实施陆海统筹发展，构建行政区与功能区的有机结合，以促进区域发展。

（二）落实三大战略，打造世界级新平台与增长极

三大区域协同发展战略，即京津冀协同、粤港澳大湾区和长三角一体化。京津冀协同通过疏解京津冀及其周边地区的非核心功能，构建具有较强经济活力的区域协同发展格局；粤港澳大湾区将充分利用粤港澳的综合优势，加强内外部的交流，打造国际一流的湾区及其世界级的城市群；长三角一体化则将为全国区域协同发展提供有力的指导。三大区域战略在推动我国经济发展方面发挥着重要作用，它们各自承担着不同的功能和职责，但都是构成我国区域经济发展的第一梯队，为实现高质量发展提供了强大动力。京津冀、粤港澳、长三角要紧跟全球最先进水平，打造国家最高水准、最深层次的对外开放桥头堡，培育全球最优质要素资源、最高端产业的集聚地，打造成世界级创新平台和增长极。

一要加大创新投入力度，以创新带发展，实现发展动能的转换。我国研究与试验发展经费投入强度超过欧盟 15 国平均水平。经费投入强度超过全国平均水平的省份有 6 个，分别为北京、上海、广东、江苏、天津和浙江，均处于三大区域战略覆盖地区。除河北、安徽外，三大区域战略覆盖的所有行政区研发强度都超过了 OECD（经济合作与发展组织）平均水平。再经过一段时间的努力，随着区域一体化程度的提升，区域内创新潜力将有效释放，京津冀、粤港澳和长三角地区都将实现发展动能的根本性变革，真正实现创新驱动的动能转变，达到世界科技创新国家前列的水平，实现打造世界级创新平台和增长极的目标。

二要利用区域内创新要素集聚优势，充分发挥创新平台作用。上海、北京两个全国科创中心，北京怀柔、上海张江、安徽合肥、深圳四个综合性国家科学中心，都是集聚创新要素和高端人才的高地，对于推动三个重大区域率先实现产业链现代化，打造区域供应链和全球供应链的综合枢纽和跨境网络，提升我国在全球价值链和创新链中的地位意义重大。再加上雄安新区已经对标国际最高水准，必将引领中国创新发展新高度，成为继深圳经济特区和上海浦东新区之后又一区域创新的典范。三大区域最有机会建立一流的创新体系，成为建立世界级创新平台和增长极的主要支撑。

（三）重视流域带区域发展战略，实现区域发展梯度协调

近年来，流域在我国经济发展中扮演着越来越重要的角色。长江经济带、黄河流域以及其他地区，都被视为实现高质量发展的重要支撑，它们的共同特点是形成了一条带状经济带，将东部、中部和西部三大板块紧密结合，并且彼此之间具有密切的联系，在发展权利与保护责任之间存在着一种矛盾。通过建立两大经济带，可以加强先发地区的发展，促进后发地区的发展，实现不同梯度区域的协调联动。这将有助于优化相对落后的地区的生产力布局，并为更大范围的区域协同发展提供有效的战略支持。

流域经济带发展战略促使我国经济从主要依靠长三角、珠三角和京津冀等东部引擎带动，向轴带引领、多极支撑的格局转变，区域经济发展多增长极的出现，逐步带动和辐射周边地区发展，实现区域协调发展目标。推动流域经济带发展，通过积极推进流域治理和高质量发展，可以为全国流域的保护、管控、经济协调发展提供有效的模式，并取得良好的效果。

一是研究和探索建立一种有效的流域主体功能区实施机制，以更好地实现我国的主体功能区战略。上游地区作为水源地，具有重要的生态功能，而中游地区则是粮食主产区，负责保障粮食安全；下游地区则拥有更强的生态承载能力，经济发展也更加迅速。只有通过合理的产业布局和完善的主体功能区规划，才能够更好地实施主体功能区战略。

二是为了促进流域上下游的可持续发展，应该建立一个责任共担、利益共享的机制，以便形成一个多元化的财政转移支付体系。根据生态产品和生态服务的特性，各级政府应该分别提供不同类型的公共物品，以此作为财政转移支付的基础。通过在某些流域省份进行试点示范，促进多元化的财政转移支付体系的建立，激发当地的创新活力和积极性，形成中央政府、地方政府、各级政府之间明确的职责分工。

三是为了保护和治理流域，必须建立一个综合的机制。这个机制应该考虑到流域的生态系统特征，并且应该统筹规划和实施。通过将山水林田湖草作为有机整体进行综合治理，可以恢复流域的生态功能，维护流域的生态平衡，为我国的流域治理和生态环境修复提供借鉴。这是实现生态文明建设战略的重要实践。

（四）"一带一路"影响下重塑区域开放格局

通过加强"一带一路"的合作规划和推进"一带一路"建设，实现国内发展与对外开放的深度融合，并利用"六大国际经济走廊"的互联互通，打造中欧班列、境外经贸区、国际产能合作等新的发展空间，促进重点地区内外的开放，实现良性互动。通过建立边境经济合作区、跨境经济合作区以及境外经济合作区等多种开放型平台，将努力打造一个具有国际影响力的陆地边境地区。

一是优化区域开放格局，开拓经济发展空间。把扩大对外开放作为促进内陆地区发展的有力抓手，推动增强内外部连通性的大通道建设，重塑我国经济地理格局。通过与世界互联互通，提高内陆地区的发展动力。经济地理区位是区域经济格局的决定性因素，要通过软硬件基础设施建设，从根本上改变内陆地区外部联系、对外开放的条件。比如，中欧班列改变了重庆和四川的开放条件。"一带一路"正在推动形成"东西双向、海陆联动"的开放格局。为了更好地促进中西部欠发达地区融入全球价值链分工体系，应该充分利用政策资源和优质要素资源，加强开放合作，推动这些地区的发展，实现可持续发展。在对外开放中实现区域发展。借助构建全方位开放格局的重要机遇，内陆地区要把握不断扩大区域开放发展的有利形势，开拓经济发展空间。

二是进一步扩大沿边开放和向西开放。中西部地区需进一步扩大沿边开放和向西开放，拓宽国际合作的空间，促进东西部地区的互动，形成一个全面的开放格局。特别是要加强澜沧江—湄公河国际次区域的合作，将长江经济带与中国—中南半岛经济走廊紧密结合，加强成渝城市群与云南、贵州的区域合作，使云南成为向南开放的重要支点。加强中亚地区的交流与合作，充分利用丝绸之路经济带的优势，推动中哈、中俄、中蒙三方的友好合作，共同打造新疆这一向西开放的重要枢纽。

三是构建以开放促开发的特殊区域发展机制。为了促进经济发展，建立一系列特殊的经济区，作为国家承接产业转移的示范，并在沿边地区进行重点开发和开放试验，同时加强对边境口岸的管理，以便成为向西开放的桥头堡和内陆型开放经济高地。全力推进这些特殊区域进行改革创新，优化开放环境，推进开放模式创新，广泛集聚国内外先进生产要素，促进产业集聚，提高产业集中度，利用区位、政策优势，先试先行，充分发挥示范与带动效应。

（五）重视南北之间分化，谋划南北连通协调发展经济带

我国的区域发展战略能够促进东西部地区的联系，特别是带状经济区，以解决东、中、西部地区发展差距问题。然而，南北方地区的分化问题已经变得非常突出。但在区域战略上没有体现出来。南北分化出现后就意味着沿海地区、中部地区和西部三个板块的南北不一样，必然导致区域发展格局需要相应的调整和优化。当前，东部沿海经济带和京津冀城市群、中原城市群、长江中游城市群相连均构成了纵向轴带，这两大纵向经济带具有建设南北向经济带的基础，可以考虑以此为基础建设多个南北向经济带，从而应对南北分化态势，优化区域协调发展格局。同时，无论是谋划相应的区域战略还是制定区域政策，都需要建立在认清产生南北分化的根源的基础上。从区域发展历程看，东西差距和南北差距有着本质的不同。东西差距源于生产力的分布，而南北差距则主要源于开放程度和创新能力的差异。因此，我们应该系统地考虑这些差异，并加强政策的针对性和精准性。

三、提高中心城市和城市群综合承载能力，打造区域增长极

中央财经委员会第五次会议指出，中心城市和城市群正在成为承载发展要素的主要空间形式，要增强中心城市和城市群等经济发展优势区域的经济和人口承载能力。随着新经济的发展，要素空间布局形成新的态势，创新要素不断向中心城市集聚，中心城市和由中心城市辐射带动而产生密切经济联系的周边城市集合体，即城市群，正成为经济发展的重要支撑。区域协调发展不是要平衡布局区域资源，而是要按照经济规律通过培育增长极带动区域发展，城市群和中心城市就是未来我国经济发展的增长极。

（一）城市群成为区域协调重点的新趋势

城市群作为城镇化的主体形态是全球普遍趋势。长期以来，我国的发展差距具有城乡间和地区间双重特征，地区间差距包括沿海和内地之间、东中西三大地带之间、"四大板块"之间等。近年来，城市群内部由于其更强的要素集聚和配置能力、科技创新能力、人才吸引能力等拥有更高端的产业和就业机会，而城市群外的区域则缺少发展机会，城市群间的差距更加突出，这将成为新时代我国区域经济发展面临的新挑战，需要将区域协调发展的重心向城市群转移。随着城市群实力的不断增强，它们所在地区已经成为区域经济发展的重要支点，这些地区不断创新产业形式，拓展产业链条，促进产业转移，并且通过融入更大的区域，整合资源，实现快速发展。城市群的意义在于分工与合作，变单个城市的竞争力为城市群整体的竞争力，城市群内部需形成更加专业化的分工，整合优势要素资源，形成合力，共同实现城市群整体的高质量发展。

（二）强化城市群内产业集群

城市群的目的是要变中心城市的虹吸效应为扩散效应，带动周边城市发展，提升整体竞争力。首先，城市群内部的中心城市与中小城市的规模对比要合理，只有中心城市有吸引力、承载力和集聚力，才有能力辐射带动周边中小城市，使

大中小城市能各自发挥好作用。但如果中心城市过大,而周边城市规模很小,则意味着中小城市不仅承载能力不足,也影响城市群发展。为了更好地促进城市群的发展,应该加强对处在不同发展阶段和战略地位的城市群的分类引导,提高它们的经济功能,并不断优化它们的空间结构。通过这种方式,可以形成大中小城市协调发展的城镇发展格局。其次,要在城市群内形成产业集群,使各类型城市有合理的定位和分工,实现优势互补,最终形成强大的产业竞争力和抗风险能力。中心城市和大城市拥有吸引优质生产要素的能力,它们可以不断推动创新成果的产出,并形成一系列的主导产业。随着这些创新成果的应用,生产制造、零部件企业、生产性服务业等都会在周边的中小城市内得到充分的发展,从而形成一种合理的分工,使得整个城市群内的每一个城市都可以从这一产业集群中获得巨大的收益。通过建立在产业集群的基础上,大中小城市之间的有效分工将会成为未来我国经济发展的重要推动力,并将使经济持续增长。

(三)培育区域性中心城市和城市群

由于自然条件和资源环境承载力的差别,胡焕庸线以东的城市群和都市圈未来仍将分布着我国主要的城镇人口。与东部地区已经形成的中心城市带动城市群、城市群带动区域发展的格局相比,西部地区城市的体量较小,是典型的"小马拉大车",如果把西部的中心城市培育得更大一些,通过把"小马"换成"千里马",带动产业和各类资源聚集产生规模效应,将会为经济持续健康发展培育新动能。因此,现阶段培育和支持后发地区中心城市和城市群发展,是拉动中西部地区发展的关键手段。另外,还需支持区域性中心城市提升创新能力。提升创新能力是真正帮助欠发达地区实现造血功能,实现区域协调发展目标的关键。但欠发达地区由于对创新资源的吸引力有限,且研发基础较差,因此必须集中本区域优质创新资源,优先在区域性中心城市建设创新中心是非常重要的,这将有助于促进东部地区的创新成果在欠发达地区的转化和产业化。国家应加强对这些创新中心的政策倾斜,通过重大产业项目和创新平台的统筹布局,吸引更多人才流向欠发达地区,制定有针对性的人才政策。通过创新中心培育欠发达地区中心城市的创新能力,辐射带动周边城市提升创新水平。同时,可以在中西部地区开展创新驱动改革试点,形成一批具有创新示范和带动作用的区域性中心城市创新中心。

（四）优先在城市群开展区域一体化试点

中心城市和城市群是经济发展的重要动力源。在市场机制的作用下，中心城市和城市群发挥作用的机理应该是吸引优质生产要素向其集中，不断产生创新成果，在成本比较和市场助力的作用下，创新成果的应用和生产制造等环节将向中心城市周边布局，最终形成合理分工。但目前面临的障碍是，行政力量阻碍了要素向外流动，只有向内集中的单向流动，中心城市的创新发展可以产生虹吸效应，而不是辐射效应。这是我国区域经济协调发展的关键因素。要实现区域经济一体化，必须从更小的城市群开始，在这些经济功能区内，解决行政隔离带来的市场隔离问题，并通过创新体制机制促进生产要素的自由流动，形成统一的市场环境。在这片土地上，可以进行一系列制度创新，比如实施统一的财政税收政策、优化土地资源配置等。

一是为了促进区域发展的均衡性，应该加大地区间财政能力均衡力度，探索以城市群为单元的区域财政共享机制，借鉴德国、日本等国家的经验，建立以城市群为单位的地方税共享体系，以期实现地区间财政能力的有效均衡，促进地区间共享增长，从而解决大都市区或城市群内部发展不平衡的问题，实现区域发展的均衡性。通过减少城市群内部的税收竞争，可以更有效地缓解区域内部财政收入的不平衡。随着跨地区经济活动强度越来越大，需要对跨地区的经济活动在税收方面进行一些合理的调整，激发地方政府之间加强合作的内在动力，可在城市群研究设计一套合理的跨区域横向分税机制，在目前行政协商为主的合作机制基础上，建立相对完备的利益分享机制。开展一体化的城市群公共设施融资机制试点，满足区域内不同功能区的融资需求。同时，加强开展以税收和经济统计为突破口的跨省市利益共享机制研究，探索建立有利于产业跨省市重大项目迁移的分税和统计机制，加强区域税收优惠政策的规范管理。

二是建立以城市群为单元的土地资源统一配置机制。土地资源是平衡产业发展的基础，因此，应当根据当前经济总量的配置方式，结合区域国土空间规划的总体设计，合理调整土地指标，以促进其他要素资源的均衡流动，为实现更加均衡的空间布局奠定坚实的基础。通过改进土地利用方式，可以提高整体规模效率。

三是推动基础设施互联互通。城市群的各个城市应该按照一体化的规划来建设地铁、城市道路，以及连接它们的高速公路、高铁枢纽和城际铁路，以满足城市群的需求，促进城市发展和经济增长。这是比较容易实现的互联互通，因为这对各个城市自身发展都是有益的。还有一些重要的基础设施，比如海关口岸和港口等，其互联互通也很重要。比如口岸的一体化，要尽快推动关检互认、信息共享，推进城市群内部口岸一体化，便利企业就近报关，提高城市群内部运行效率。再如，港口一体化。当前由于城市群内部各城市港口间合理的利益分配机制并未真正形成，各地政府部门围绕 GDP 与税收统计以及地方行政管辖权等问题意见不统一，港口群的基础设施体系效率有待提高，现有的自贸区离真正意义上的自由贸易港还有相当大的距离，尚未形成区域内自贸区之间的协同发展。应打破行政区划限制，促进跨省市港口战略合作加快落地，鼓励港口间互相参股、利益共享，实现城市群内部港口统筹布局和业务协同。

四、落实主体功能区战略，形成有序的空间发展格局

主体功能区战略是我国国家治理体系的重要组成部分，是国家现代空间治理和区域经济协调发展的基础性制度。习近平总书记在中央财经委员会第五次会议上的讲话中提到新形势下促进区域协调发展总的思路时，提出发挥各地区比较优势，通过加强中心城市和城市群的经济发展，提升人口承载能力，同时增强其他地区在保障粮食安全、生态安全、边疆安全等方面的作用，形成优势互补、高质量发展的区域经济格局，以实现经济社会可持续发展。

根据不同的地理空间特征和承载能力，我国将其划分为三个主要功能区：城市化地区、农产品主产区和重点生态功能区，这些区域的主要目的是满足工业、服务、农业和生态等多种需求。这样，一个国家就可以实现多种功能，而每一种功能都可以得到充分的发挥。在与全球生态安全息息相关的地区，应该将提供生态产品作为核心任务，而将农产品、服务产品以及工业品作为辅助任务，以免破坏生态产品的生产能力。同样，在农业发展条件较好的区域，应以提供农产品为主要功能，以确保国家粮食安全、生态安全和边疆安全。同时，应当根据不同国土空间的主体功能，制定相应的政策措施，以保障其发挥比较优势，避免大量占用耕地损害农业生产能力。

（一）发挥主体功能区划，促进区域协调发展

主体功能区规划是基于经济发展和生态建设的双重目标，通过功能区划确定该地区在国土空间分工中承担的任务和发展目标，与我国区域发展战略共同成为实现区域协调发展目标的重要支撑。

一是通过确定和实施主体功能区划，可以有效地加强区域间的分工与合作，充分发挥各自的优势，特别是在经济发展和生态保护方面，实现更加均衡的发展。不同的主体功能区可以根据其功能定位，合理调整产业布局，并且在限制开发区和禁止开发区上制定极为严格的产业准入标准，以确保资源环境的可持续发展，从而提升经济发展水平，改善生态环境质量，实现可持续发展。为了保护和修复生态系统，必须将其作为主要任务。这些涵养区对于整个生态系统的安全稳定至关重要，一旦受到破坏，将会影响整个区域。因此，不同主体功能区的发展对于维护生态系统的完整性至关重要，必须加强区域间合作，最终实现整体区域的均衡、可持续发展。

二是保护落后区域发展权利。我国西部地区是重要的生态功能区，但由于经济落后，这些地区的生态环境脆弱，环境承载能力差，不适宜经济开发活动，因此被严格限制和禁止开发，这也使得这些地区更加贫困，而且还承担着保护生态环境的重要责任。近年来，为了实现区域协调发展的目标，国家提出了基本公共服务均等化的政策，旨在保护落后地区的发展权利，缩小收入差距和公共服务水平的差距，确保不同主体功能区的人民都能获得平等的就业机会、住房和教育，享受同等的公共服务和生活环境，并且能够享有相当的生活水平。

三是多元视角衡量区域发展成效。近年来，我国以 GDP 作为衡量区域发展水平的主要指标，在社会发展、生态环境保护等方面给予了一定的重视，但是却未能将其作为一个完整的区域发展评价体系，从而使得许多地方只关注经济增长，而忽略了发展质量和发展目标。通过主体功能区规划，可以建立一个多维度的、全面的、客观公正的评价体系，以此来衡量各个区域的发展水平，从而促进我国经济的高质量发展。

（二）不同功能区，不同政策

通过深入实施区域政策，加强对区域协调发展的支持，以及实施主体功能区

的分类管理政策，可以为我国区域产业布局提供有效的指导，从而促进经济社会可持续发展。但总体看主体功能区的配套和细化政策还未形成，各类区域的产业进入门槛、城市和人口规模、生态红线和环境容量等规定比较模糊，且各类政策呈现"碎片化"，未形成统一的规范。比如，主体功能区战略是由地方政府负责落实的，对于优化开发区域和重点开发区域，地方在具体落实上并没有明确的产业布局的差别，特别是优化开发区域往往是经济基础好的地区，本身对于优势生产要素的吸引力就很大，但环境容量已经无法支撑更多的产业和人口的集聚，在这种情况下，应该进一步明确优化开发区域的产业、人口和生态环境等标准，推动部分产业向重点开发地区转移，实现产业布局与主体功能的匹配。

（三）完善并制定财政转移支付制度

主体功能定位不同必然会导致地区经济发展水平和财政收入的差距，通过财政转移支付，保障区域基本公共服务均等，这是区域协调发展的重要思路。要完善现行转移支付制度，就要继续调整和完善财政转移支付结构，通过法律等手段规范完善财政转移支付资金、项目资金安排。为了提高资金使用的效率和安全性，应该加大对一般性转移支付的支持，特别是均衡性转移支付的比例。同时，应该规范专项转移支付的使用，确保其合理有效。此外，建立有效的机制来确定对重点生态功能区、农产品主产区和困难地区的支持水平。为了更好地实现不同功能区间的公平分配，促进基本公共服务的均等化，需要探索建立一个跨地域的转移支付制度。为此，通过试点试验，激发地方政府的创新精神和积极性，探索出一个更加科学合理的多元化体系，使中央政府与地方政府、各级地方政府之间的权责利更加明确。

（四）健全生态补偿相关制度

生态补偿是调整区域利益失衡、保障生态脆弱地区发展权的重要手段。经过多年实践，我国主体功能区规划得到较好落实，形成了以生态补偿为主导的实施机制，推动了绿色发展和区域均衡目标的实现，重点生态保护区域的生态环境价值逐步得到体现，并改变了唯GDP论的评价体系，形成了科学、综合的评价体系。尽管目前政府主导的生态补偿已取得一定的进展，但仍存在一些挑战，比如，市场化补偿的效果尚未达到理想水平；转移支付的精确性不够，一般性转移支付较多，而横向转移支付较少；尽管经济评估结果已得到一定程度的改善，但它们依旧可能对当地政府的决策产生潜移默化的影响。当前，必须充分利用生态补偿机制，制定和执行主要功能区的规划，促进区域的和谐发展。

一是实施"精准补偿"。未来我国生态补偿政策应提高对补偿效率问题的关注度，逐步转向"精准补偿"。对于补偿对象、补偿方式和补偿资金等的选择和安排要科学精准，提高欠发达地区自我造血能力和参与的积极性，提高财政资金使用效率。同时，也应避免过于追求效率导致公平性缺失，影响政策效果，产生生态破坏等恶劣后果等。公平与效率是公共政策的双重目标，两者缺一不可，优化生态补偿机制，需寻求综合衡量政策效率和公平性的方法，形成兼顾效率和公平的补偿政策体系。

二是构建多元化补偿机制。财政资金是当前生态补偿的主要来源，但由于生态价值难以准确量化，特别是生态环境保护具有长期性影响，甚至是代际影响，因此，即使采用现行的核算方法，也很难获得各利益相关方的认可，再加上政府财政能力有限，使得目前政府补偿资金无法满足地区生态环境保护和均衡发展的需求。为了更好地实施我国的主体功能区规划，市场机制必须发挥作用。只有社会资金和市场主体积极参与生态环境建设，才能摆脱目前政府资金的内循环，形成自然资源资产交易市场，使得自然资源的价值得到充分发挥。

三是建立自然资源价值核算机制。核算自然资源价值是生态补偿制度的关键，无论是政府主导还是市场化补偿机制，都必须确保自然资源的可持续利用。然而，过去我们往往忽略了生态系统的价值，或者只是简单地计算出一些数字，而无法为进一步的实践提供有效的支持。尽管全球范围内对生态资产价值核算的共识尚未形成，但是价值核算理论和方法体系已经取得了较为完善的进展，为我们提供了一个可靠的参考依据。随着国家对自然资源资产负债表和领导干部离任审计的要求不断提高，各地实践也为生态补偿机制提供了可借鉴的成功经验，使得生态补偿机制更加有效。未来，应该支持更多地区根据自身生态系统的特点，制定出更加符合实际的自然资源价值核算方式，并将其与生态补偿机制有效结合，以实现生态系统的价值最大化，找到从"绿水青山"到金山银山的多元化发展路径。

五、落实区域协调发展战略的政策保障

当前,我国推动区域协调发展过程中面临的核心问题,背后的根源在于区域间的关系。为实现区域协调发展目标,需要构建有利于区域间开展合作、利益共享、实现市场一体化的体制机制。为落实区域协调发展战略和思路,实现区域协调发展目标,需要推动相应改革,提供相关政策保障。

(一)制定更小尺度、更有针对性的区域政策

当前,我国区域经济分化态势越发明显,且很有可能进一步加剧。从目前分化情况看,"四大板块"内部出现明显分化,以西部地区为例,西南六省份发展态势明显好于西北六省份,已逐步形成具有特色的产业体系,进入高速发展梯队;同时,南北分化继续扩大,在经济增速上表现为"南快北慢",在经济总量占比上表现为"南升北降"。随着互联网和智能制造技术的发展,新经济业态将会产生更强的积聚效应,先发地区的优势将会得到进一步强化,区域分化态势也将持续下去。由于区域经济发展形势日趋复杂,对于政策的差异性和精准性的要求也越来越高,因此,制定更加精细化、更具针对性的区域政策,将是应对区域分化态势的有效方法。

一是在坚持"四大板块"区域总体战略的前提下,基于更小的区域划分尺度完善区域政策。京津冀、粤港澳、长江经济带、长三角等战略的提出,是在逐步缩小区域划分尺度。这些战略针对某一区域发展过程中的特定问题,制定更加精准、更有针对性的区域政策,对于提高政策有效性是很有必要的。未来在这些重大区域战略基础上,为了更好地促进区域协调发展,应该根据特定的功能区域和问题区域,制定有效的政策,例如粮食主产区、生态保护区、资源枯竭区、老工业基地等,充分利用这些区域的独特优势,探索多种可行的发展道路。

二是构建差异化富有弹性的区域政策体系。我国区域间差异决定了不可能实施"一刀切"的区域政策,需要根据区域实际构建差别化的区域政策体系。而且近年来,虽然区域发展差距有所缩小,但随着科技和经济的飞速发展,先发地区对优质要素的吸引力日益增强,因此,国家应当制定出具有针对性的区域政策,以促进地区发展和繁荣。在财税、产业、土地、环保、人才等方面出台针对性政策,才能改变不同地区集聚要素的条件,推动后发地区获得发展机会,缩小区域差距。

三是加强各地区战略的协调配合,以实现我国区域发展的全面协调。目前,我国的区域战略和规划可以划分为三个层次:第一,重大战略,包括京津冀、长江经济带、粤港澳大湾区、雄安新区、海南自贸试验区和深圳中国特色社会主义先行示范区等;第二,重要战略,是指由国务院印发文件确定的重要区域,比如天津滨海新区等;第三,一般战略,即纳入国家各个五年规划的、全国基本全覆盖的区域规划。这三个层次的战略和规划的关系应加强协调,对于已出台和即将出台的一些区域发展战略在内涵上有哪些异同点和特色,对于区域经济发展能发挥怎样的作用,这些问题对于促进区域协调发展至关重要,避免最优质的资源完全向重大战略区集聚的趋势,形成新的虹吸效应。

四是用法治化手段规范区域制度。我国已经形成东西互动、南北联通的区域空间格局,也出台了许多区域发展政策,但由于区域政策缺乏强制性,在区域合作过程中很多阻碍区域市场一体化的问题始终得不到解决。随着我国区域空间格局的构建,强化区域政策的法律效力,通过法治化确保区域政策的贯彻落实并取得成效。

(二)打造有效的跨区域产业合作机制

当前,我国区域产业关联度较低,区域合理分工、优势互补的产业格局尚未完善,产业创新能力和全球竞争力仍有待提升,"飞地经济"共建园区的经济指标统计、农用地占补平衡以及税收分成等利益关系仍需要一套完善的制度安排,跨区域利益共享机制也需要探索。同时,还需要建立一套具有公共性、基础性、通用性的跨区域产业项目,并且需要一套有效的投融资机制来保障这些发展。完善的运营机制需要不断创新。

一是通过产业合作,可以促进区域的整体发展。产业的发展是经济社会的基础,如果能够在区域内部进行有效的规划和协调,将有助于提升基础设施、改善社会福利、完善市场体系,从而实现区域的统一。在发达国家,区域是产业集群的理想基础。然而,长期以来,由于行政区划的限制,我国的产业布局缺乏统一规划,导致各地产业相互独立,同质化和无序竞争日益严重。由于各地的布局不同,它们所设定的发展目标往往与国家的整体发展规划存在较大差距,这也是产业规划难以有效推动产业发展的重要原因之一。因此,根据优化产业布局,在区域范围内,建立科学合理的分工体系,促进良性互动,是实现区域协调发展的基础保障,也是突破行政边界,实现产业优化布局的重要机遇。

二是以产业规划推动产业协同。当前无论是区域之间还是区域内部,产业趋同现象都很明显,特别是区域内部由于资源禀赋和区位条件相近,各地对有发展前景的产业不顾产业基础等比较优势一拥而上,抢占市场的现象还普遍存在。以长三角为例,上海、江苏和浙江在战略性新兴产业上的布局重合度很高,需从区域一体化视角开展产业规划,优化产业布局,以避免重复建设和无序竞争,提高区域竞争力。在目前地区间行政分隔情况下,要统筹区域产业布局,实现产业协同,不仅要发挥市场机制作用,也要更好地发挥政府的规划引领作用。应从国家层面或区域层面制定具有法律效力的中长期产业发展规划,根据地区比较优势和区域发展定位,发挥规划引领作用,从根本上解决低水平无序竞争、重复建设等问题。通过规划形成区域的核心区、辐射区和支撑区大中小城市间的功能互补、产业集聚的一体化发展格局。

三是把飞地产业园作为产业一体化重要载体。"飞地经济"是当前跨区域合作的常见模式,飞地产业园是产业一体化发展的重要载体。"飞地经济"是国际上普遍采取的平衡区域经济发展的办法,在我国也有很多较为成功的实践,在城市间利益分配、职能分工和考核方式等方面都探索出了不同的模式。为了促进产业协同发展,应鼓励先发地区与后发地区共同建设飞地产业园,以达到优势互补、共赢的效果。这种方式既可以在区域内实现,也可以通过建立多方认可的利益共享机制来实现。鼓励高成本园区与其他区域的低成本园区建立合作机制,推动一体化发展,实现人力资源双向流动,形成"反向"飞地经济。

(三)打造统一开放、标准互认市场环境

为了促进区域协调发展,必须充分发挥市场机制的作用,通过深入改革,打破影响区域间要素自由流动的障碍,建立全国统一的大市场,提高资源配置效率。为此,应该加快清理和废除一切阻碍统一市场和公平竞争的规定和做法,营造一个规则统一、标准互认、要素自由流动的市场环境。

一是统一规则标准。协调统一的规则标准是促进区域间要素自由流动,推动区域统一大市场建设的重要支撑。为了保障消费者的权益,必须加强对信贷、金

融、信息、产品质量、食品安全等方面的监管，并建立有效的法律法规与标准规范。

二是统一市场准入标准。为了更好地实施全国统一的市场准入负面清单制度，应消除歧视性和隐蔽性的区域市场准入限制，建立一套动态调整机制和信息公开机制，并且建立都市圈市场监管协调机制，统一监管标准，促进执法协作和信息共享。加快建立完善的都市圈信用体系，实施守信激励和失信惩戒机制，促进社会公平正义。

三是构建技术市场一体化。为了促进科技创新，应该加强联合建设，建立科技资源共享服务平台，鼓励企业共同参与科技研发和转化，并建立企业需求联合发布机制，以及财政支持科技成果共享机制，以消除城市之间技术标准差异带来的障碍。此外，还应该建立都市圈技术交易市场联盟，以构建多层次的知识产权交易市场体系。为了促进知识产权交易的便捷性和可持续性，要大力推动跨地域的知识产权交易中介服务，并为金融机构提供知识产权质押融资和履约保险等服务。加强跨区域创新战略联动、创新规划协同，统筹创新资源配置；形成区域创新生态体系，充分发挥不同区域内创新平台的作用，形成从科学研究、技术研发到产业转化等梯次衔接的共建共享机制，建立与之相配套的利益分配机制。聚焦关键核心技术，实现合力攻关，在区域内形成长期、稳定的联合研究和攻关形式，尽早解决"卡脖子"的关键核心技术。

四是尽快实现人口充分流动。人口自由流动对区域协调发展目标的实现是至关重要的，也是建立统一市场的最大挑战之一。从发达国家的经验看，在自由流动机制下，人口会向着那些适宜集聚的地区流动，经济集聚的地方人口才会集聚，人口和经济集聚是均衡的，而那些人口承载能力有限的贫困区未来人口是要减少的。只有人口可以自由流动，要素才能按照区域比较优势进行配置。

（四）促进全国养老保险统筹

养老保险全国统筹对维护全国统一大市场、促进企业间公平竞争和劳动力自由流动具有重要意义。目前，我国职工基本养老保险以省级为单位进行管理，由于各省份间经济发展水平、人口结构以及劳动力流动情况极不平衡，以省级为单位统筹造成各地养老保险基金收支水平差异巨大，养老保险费率和费基也存在较大差异。在养老金结余较多的省份，为了降低费率和缩小费基，企业不得不采取一系列措施，但由于省际缴费水平的差异，企业之间的人力成本也会出现显著的变化，从而严重影响企业之间的公平竞争。2019年《降低社会保险费率综合方案》公布后，大部分费率超过16%的省份已出台降费率政策，将企业社保费率降至16%，但之前费率低于16%的省份，目前尚未出台费率调整方案，也就是说全国范围内仍然存在费率不一致的情况。由于费率不一致，企业在不同地区的用工成本存在差异，这严重阻碍了全国统一市场的建立和劳动力的流动。为了解决这一问题，世界上大多数国家采取了一种统一的方法：实施基本养老保险全国统筹，由国家统一收费和支付费用，并统一费率和费基。

（五）加大土地管理制度的弹性

为了充分发挥优势地区的发展潜力，应当加强土地管理制度的灵活性，以实现土地资源的集约利用，并且建立跨省域调剂机制，以有效利用建设用地资源，使其成为优势地区最稀缺的资源，或建设用地供应指标的使用更多由省级政府统筹，这有助于形成全国统一的建设用地市场，有利于实现土地的市场价值，从而释放出土地的巨大潜力，对于促进优质资源集聚，发挥更大效益大有裨益。为了更好地满足建设用地需求，建议建立一个全国统一的调节市场，以便形成一个有效的价格发现机制，并且让需要建设用地指标的地区能够以较低的价格获得这些指标。此外，建议建立一个以粮食平均亩产为基准的土地交易单位。高于平均亩产的土地市场折价高，低于平均亩产的土地市场折价低，避免土地占优补劣，有利于保证耕地和粮食安全。同时，建立土地质量评价监督的第三方机构。为了促进农业可持续发展，将优先支持优势地区开展基本农田规划调整和耕地占补平衡指标跨省份交易试点，并统筹安排部分跨区域重点项目的土地指标。

（六）完善"双控"制度

我国持续实施的能源消费总量和强度"双控"制度，对于倒逼产业转型升级，开展技术改造，提质增效，发挥了重要作用，也是我国能源转型和应对全球气候变化的重要制度保障。下一步，为了确保能源消费的有效执行，必须加强对总量指标分配的科学性研究。在经济发展较快的地区，可以考虑在能耗强度达标的基础上，给予总量目标更多的灵活性。同时，经济发达地区要加快推进产业转型升级,对于传统高耗能产业应适当转移,保持战略定力,坚定地走创新驱动道路,实现产业转型升级,抢占全球产业链高端。

(七)形成区域间行政协作协同的体制机制

为了促进跨行政区域的发展,应该建立一个党政主要领导会商制度,以协调重大发展战略、生产力布局和政策联动;同时,要建立一个有效的协调机制,以解决跨行政区域的经济矛盾纠纷,实现利益分享;此外,还要建立一个跨地域的财税、会计、统计核算制度,以保证经济发展的有效性。

第二章 产业集群与区域经济高质量发展研究

本章为产业集群与区域经济高质量发展研究，主要从四个方面进行阐述，依次为我国产业集群的历史进程、产业集群与区域经济高质量发展的相关概论、促进产业集群培育实现区域高质量发展面临的困境、促进产业集群培育实现区域高质量发展的思路及建议。

第一节 我国产业集群的历史进程

产业集群在我国有着悠久的历史，古代就已经形成了景德镇陶瓷、苏州刺绣、杭州茶市等产业集群。但是，在 20 世纪的很长一段时期，我国并没有形成真正意义上的产业集群，主要还是产业集聚。由于洋务运动口岸开放和民族工业的兴起，工业随着对外贸易的发展而发展，具有对外贸易优势的沿海通商口岸城市成为工业集聚的首选区域。

中华人民共和国成立后，随着社会主义市场经济体制的确立和发展，产业集群快速发展并开始真正发挥集群优势作用。我国产业集群的发展与经济发展及国家政策的演变高度相关，大致可以划分为四个阶段。

一、从中华人民共和国成立至改革开放

中华人民共和国成立后，我国实施区域平衡发展战略，内陆工业体系建设是重点。第一个五年计划（1953—1957 年）指出，社会主义工业化是我国在过渡时期的中心任务，而社会主义工业化的中心环节是优先发展重工业，这主要是根据

各地的资源基础条件进行产业布局和建设，以156项重点工程及其配套的中小项目为基础，大型基础工业项目在重点城市布局形成以某一产业部门为主的产业综合体。产业重点以钢铁、石油化工和重型机械为核心，形成了东北装备制造业集群、四川矿产开采加工产业集群等。这一阶段的产业集群主要分布在华北地区、东北地区和中西部地区。例如，20世纪50年代兴建的一大批工业生产项目均在中西部地区，20世纪60年代中期到20世纪70年代的三线建设也是将工业重心由东部沿海向中西部地区转移。

这一阶段的产业集聚更多的是自上而下的通过行政指令的方式形成产业迁移和集聚，以钢铁、石油化工和重型机械等重工业为主，为工业发展奠定了良好的基础。但是，以建立综合性产业体系为目标，工业中心向内陆转移的战略，使沿海地区集聚的优势一度消失。重工业集群的高能耗、高污染特征，难以适应经济高质量发展的要求，计划经济背景下的集群发展格局难以持续。

二、从改革开放至20世纪90年代初期

改革开放后，我国陆续开始在沿海地区设立经济特区、经济开发区，以外向型经济为发展目标，给予这些地区特殊的经济政策、灵活的经济措施和特殊的经济管理体制。通过营造良好的投资环境，吸引外商投资，进而促进经济社会发展。依托在国际贸易中的地理优势、工业历史基础及改革开放的优惠政策等外部环境因素，东部沿海地区的优势得以发挥，地区工业得到快速发展，形成一大批以轻工业、小商品制造为主的产业集群。这一时期产业集群主要分布在长江三角洲、珠江三角洲和环渤海地区，在行业门类方面大多集中在纺织、制衣和精细化工等轻工业，高新技术产业集群规模和数量有限。东部沿海地区产业集群快速发展，例如，浙江绍兴的纺织产业集群、温州的柳市低压电器产业集群、广东东莞和惠州的计算机零部件集群、顺德的家电业集群、北京中关村的高新技术产业集群。

这一阶段，真正意义上的产业集群开始形成。产业集群发展受对外开放政策的影响，市场的推动力量也发挥着重要作用，市场性产业集群与政策性产业集群共同发展。市场性产业集群主要集中在沿海开放地区，以出口贸易加工业为

主，由于产业规模小、专业化层次低以及产业链不完善等因素的制约，主要是低成本型集群，专业化分工、创新能力、协同合作等产业集群的核心竞争优势体现不足。改革开放初期，虽然优惠政策较多，但基础设施、公共服务等环境较差，企业发展面临的不稳定因素较多，集群中的资源相对匮乏，创新投入和创新环境都很有限，产业链条不完善，产业集群处于初步发展阶段，集群的辐射带动作用有限。

三、从 20 世纪 90 年代初期至 21 世纪初

党的十四大提出建立社会主义市场经济体制的目标，随着改革开放的深入推进及社会主义市场经济体制的确立，中国经济进入高速发展阶段，为产业集群发展营造了稳定的制度环境和市场环境。随着中国加入世界贸易组织（WTO）和经济全球化的深入推进，企业参与全球竞争的竞争意识和能力不断增强，产业集群已成为区域经济发展的重要产业组织形式和载体。

这一时期政府重视对发展重点产业和高新技术产业的规划引导，在国家政策的支持下产业园区蓬勃发展，吸引了大量相关企业集聚成为承载产业集群的主要区域。1991 年，国务院发布《关于批准国家高新技术产业开发区和有关政策规定的通知》，继 1988 年批准北京市新技术产业开发试验区之后，又设立了 26 个国家级高新区，涵盖新能源、装备制造、生物医药和电子信息等多个高科技领域。2007 年，根据《中国火炬统计年鉴》统计，全国共有高新区 54 家，高新区共有企业 4.8 万家，年末从业人员达 650 万人。高新区的建设吸引了大量企业集聚，园区型产业集群开始快速发展。例如北京的中关村科技园、苏州的苏州工业园和无锡的新加坡工业园等园区快速发展，形成高新技术产业集群。2002 年，中关村科技园海淀园已经有 9500 多家企业，并以每年超过 3000 家的速度增长，利润总额达 111.9 亿元，带动了全国高新技术产业的发展。集群内部的分工不断细化，衍生出一些新的产业集群。例如，东莞原来是以互联网技术（IT）产品制造为主的产业集群，除电子信息产业集群外，逐步分化形成电子信息产业集群配套的五金、塑胶、模具等多个专业集群。

根据国家发展改革委对 2006 年全国 24 个省区市产业集群发展情况的统计，这一时期产业集群数量和规模都有快速发展，但是各地区之间产业集群发展水平

差异较大。北京和上海产业集群数量、规模、发展水平在全国均处于领先水平。此外，东部沿海发达地区，如江苏、浙江、广东、福建等的产业集群数量、集群内企业数、销售收入和利润等指标均处于较高水平，较为成熟的集群对当地经济发展的拉动作用明显。1997 年，重庆正式设为直辖市，是国家政策重点支持的区域，产业集群也呈现出良好的发展态势（表 2-1-1）[①]。

表 2-1-1　2006 年中国产业集群分布及发展水平

地区	集群数	销售收入占全省（市）比重	利润占全省（市）比重	销售收入小于 10 亿元集群数量及占比	销售收入 10 亿—50 亿元集群数量及占比	销售收入 50 亿元以上集群数量及占比
上海		60%				
北京						
浙江	510 个	46.2%	—	251 个（49.2%）	185 个（36.3%）	74 个（14.5%）
河北	238 个	28.1%	23.1%	88 个（37%）	109 个（45.8%）	41 个（17.2%）
山东	220 个	28.2%	26.5%	46 个（20.9%）	113 个（51.4%）	61 个（27.7%）
湖北	206 个	60%	69.5%	131 个（63.3%）	60 个（29.1%）	15 个（7.3%）
江苏	155 个	40%	53%	3 个（1.9%）	73 个（47.1%）	79 个（51%）
河南	143 个	31.2%	—	85 个（59.4%）	47 个（32.9%）	11 个（7.7%）
安徽	140 个					

---

① 孟芳，臧良运. 产业集群分析与评价 [M]. 哈尔滨：哈尔滨工程大学出版社，2011.

续表

地区	集群数	销售收入占全省（市）比重	利润占全省（市）比重	销售收入小于10亿元集群数量及占比	销售收入10亿—50亿元集群数量及占比	销售收入50亿元以上集群数量及占比
广东	64个	—	—	4个（6.3%）	26个（40.6%）	34个（53.1%）
福建	49个	59.4%	55.5%	3个（6.1%）	15个（30.6%）	31个（63.3%）
四川	39个	11.2%	16.8%	16个（41%）	17个（43.6%）	6个（15.4%）
重庆	23个	84%	86%	3个（13.1%）	9个（39.1%）	11个（47.8%）
辽宁	19个	—	—	7个（36.8%）	8个（42.1%）	4个（21.1%）
陕西	103个	—	—	42个（40.8%）	39个（37.9%）	22个（21.3%）
天津	17个	—	—	10个（58.8%）	3个（17.7%）	4个（23.5%）

这一阶段，政府在产业集群形成过程中的角色已开始有所转变，政策仍然具有重要的影响力，但是市场的推动力量开始占据主导地位，基于本地企业家精神的内生型产业集群、外资主导下的外生型产业集群同时存在，还有大型国有企业衍生的集群。这一阶段主要是依托高新技术产业园区的建设，带动产业集群快速发展，创新要素开始集聚并发挥作用。然而，产业集群总体发展质量不高，地方盲目建设缺乏整体的规划和引导、部分产业集群缺乏自主创新能力和自主品牌、产业链不完善及为产业集群配套的生产性服务业发展滞后等问题，制约着集群的进一步发展，产业集群已经到了必须重视发展质量的阶段。

四、从 21 世纪初至今

随着技术创新、互联网的发展及工业化程度的提高，21 世纪以来，创新型产业集群、战略性新兴产业集群成为产业集群建设和发展的重点。同时，以互联网和数字经济企业为主体的产业集群开始涌现，成为区域经济快速发展的重要动力源。2006 年，全国科技大会提出自主创新、建设创新型国家战略，尤其是党的十八大以来，实施创新驱动发展战略，科技创新是提高社会生产力和综合国力的战略支撑，必须摆在国家发展全局的核心位置。聚焦实施创新驱动发展战略、推动高技术产业高质量发展的战略目标，科技部等部门也加快推动创新型产业集群建设和发展，重点培育具有国际竞争力的科技企业和产业，取得了较为显著的成效。2013 年，首批国家创新型产业集群政策的实施显著促进了区域创新能力的提升。

2017 年，党的十九大报告提出促进我国产业迈向全球价值链中高端，培育若干世界级先进制造业集群。在加快构建现代产业体系、提升产业链优势等目标下，国家发展改革委于 2019 年 10 月公布了第一批战略性新兴产业集群，涵盖新一代信息技术、高端装备、新材料生物医药和节能环保五大领域。战略性新兴产业集群主要集中在东部发达地区及武汉、西安、重庆等中西部中心城市。例如，新一代信息技术领域的集群主要集中在北京、上海、深圳、杭州、武汉和天津等中心城市，新材料领域的产业集群受自然资源禀赋影响较大，在中西部分布较多。

党的二十大报告提出，加快发展数字经济，促进数字经济和实体经济深度融合，打造具有国际竞争力的数字产业集群。资本、数据、劳动力等生产要素的数字化转型加速。资本要素方面，为加速推进资本市场数字化转型，探索用数字化思维推动数字普惠金融、供应链金融等快速发展，鼓励虚拟资产资源等要素流动，如广东提出建设"数字金融＋高端制造创新示范基地"区域；数据要素方面，自党的十九届四中全会提出将数据作为生产要素参与分配以来，各地不断培育数据要素市场，加快释放数据资源价值；劳动力要素方面，数字技术人才不断增加，且主要向京津冀地区和长三角地区集聚。[①]

---

① 崔志新.我国产业集群数字化转型发展现状、问题与对策研究[J].城市，2023（02）：3-12.

第二节 产业集群与区域经济高质量发展的相关概论

一、产业集群的内涵

所谓产业集群,也可以理解为企业集群、产业区、块状经济,主要指的就是在某一区域内,企业之间存在大量产业密切联系,从空间层面看,它是相关支撑机构的一种集聚,由此形成一种持续竞争优势的现象。在现代社会发展趋势下,若想实现区域经济更好发展,重要途径就是建立、发展产业集群。

根据经济学内容可知,在经济组织中只有两种类型,即竞争性的市场组织和等级制企业科层组织。而在制度经济学相关研究中,其中存在较多的经济组织并不在这两种经济组织类型范畴内,而是属于中间性体制组织。而产业集群便是其中一种组织形式,简单说,如果集聚体内出现一体化行为,则产业集群便会代之以企业科层组织,与此同时,由于受到要素价格等方面的影响,会造成集聚体内企业出现流散,进而引发企业之间的异地市场交易。由此可见,产业集群本质就是一种处于市场和企业科层间的中间性体制组织。

二、产业集群是区域发展的核心载体

产业集群发展受到广泛关注的一个重要原因是其具有高成长性,大部分产业集群具有很强的增长能力。截至 2021 年 8 月,江苏拥有 23 个全国百强先进制造园区、6 个全国先进制造集群,纳米新材料、物联网、工程机械、生物医药以及集成电路等产业集群处于全国领先水平,生物医药产业集群长期保持全国第一,产值已经达到 2000 亿元。浙江传统产业特别是纺织服装、化纤、塑料制品和鞋业等劳动密集型传统制造业创造了上百个具有专业化分工协作特点、年产值几十亿元乃至上百亿元的产业集群。总体来看,中国产业集群已经达到相当大的经济规模,成为区域经济发展的重要推动力量。

第三节　促进产业集群培育实现区域高质量发展面临的困境

从当前国内产业集群发展看，表现出诸多问题，下面主要从规划指导与政策支持、产业关联、产业集群地区分布以及创新能力几个方面展开分析。

一、国家政策性引导与支持不足

从国内产业集群形成、发展看，具有较强自发性，并且也得到地区政府关注和重视，比如山东、江苏、浙江、福建、广东等地，目前已经颁布一系列支持产业集群发展的政策与措施，而国家层面并未针对此产业集群发展专门制定、出台相关规划内容，缺乏支持性政策。尤其是国内部分经济落后地区，产业集群整体形成非常滞后，并未发挥作用助力地区经济发展。相比之下，虽然部分发达地区形成区域产业集群，但未能得到国家政策性引导与支持，这对企业技术创新、产业升级等造成一定困难，并且也直接影响了产业集群效应的进一步扩散。

二、产业关联性较差

地方政府在处理本地区经济保护、市场扩展等工作中，存在一定差异，加之其他客观因素影响，导致国内很多地区产业集群同构化现象严重，比如产业结构、产品结构等。由于这种产业结构同构化的影响，一定会直接弱化各地区产业集群间的产业价值链的连接，造成产业价值链缩短，由此引发恶性竞争。这样不仅造成资源浪费，同时，也会直接弱化整个集群经济竞争实力。

三、产业集群地区分布不均衡

就目前国内情况看，产业集群分布一般集中在东南沿海地区，相比之下，西部地区非常少。而集群自身发展需要依赖路径选择，如果产业集群区域在初期投资地已经建立良好的人缘、地缘协作网络，会进一步推进东部地区产业集群发展。由此便扩大东西部产业集群发展差距，因此，必须消除产业集群地域发展的不平衡现象。

四、创新能力不足

由以上分析可知，产业集群最大的优势在于创新性、低成本。这一点可以从国外的产业集群得到验证，一些真正具有持续竞争力的产业集群主要就是以创新为主导，典型的国家有意大利，该国产业集群范畴内，箱包、服装等产业不断创新，由此提高市场竞争力，获得优势。相比之下，我国产业集群创新能力明显不足，这与高素质人才匮乏、缺乏完善产业配套、公共产品供给不到位等诸多因素存在直接关联，造成多数产业集群并未形成集群特有创新功能。

第四节　促进产业集群培育实现区域高质量发展的思路及建议

一、推动与完善顶层设计

为进一步推动产业集群发展，助力区域经济发展，首要任务就是做好顶层设计，加强规划编制，为区域产业创设良好环境，进而助力产业不断发展。深入分析产业集群形成和发展可知，除了需要依靠市场机制之外，还应当发挥出政府的调节作用。对此，政府需要从所在地区实际情况出发，综合考量发展特点、区位优势、产业布局要求及组织规律等，统筹全局制定相应的产业集群战略规划，促使地区产业集群规划编制后能够真正意义上与市场经济紧密结合，构建出一条产业链—产业群—产业基地的新发展道路，在政府合理干预和企业发展共同作用下，构建出相互协作的网络体系，逐步与全球集群一同发展。在实际规划设计过程中，政府应当在区域之间发挥协调作用，切实解决市场遇到的问题，包括生态环境治理、公共产品提供等方面。尤其要注重重大项目、工程的规划设计，促使各个环节能够相互关联，提高整体功能。应当将大型园区开发作为关键点，吸引一些重点工业生产项目加入园区进行建设，与此同时，也需要综合考虑到园区的物流配送、教育培训、研发中心等项目的融入，保证产业具备良好的配套设施，加强完善基础设施和生活服务的配套完善，最大程度上降低商务成本，提高产业竞争力。

二、发挥政府的积极影响

对于产业集群的形成,需要由市场力量吸引各大资源,并将其组合在一定区域内。虽然如此,但也无法完全通过市场力量实现短期内形成集群,再加上我国市场经济并不发达,而且区域经济发展出现失衡状态。所以,政府依然是落实产业集群战略过程中重要指导者、引领者、服务者。在产业集群形成过程中,政府必须结合实际情况,从多个方面入手加以优化、完善,如基础条件、机制体制、规章制度等,为产业集群创设良好的环境和氛围,助力集群顺利实施,为其创新能力、竞争力的提升做好基础保障工作。值得注意的是,政府需要明确自身定位,不能盲目注重"制造"产业集群,而应当关注已经开始萌发,并且具备一定发展潜力的产业集群,而后通过各种政策与措施,促使集群区域形成网络。

为避免产业无序竞争,政府必须保证竞争环境公平、公正,切实解决经济发展基础设施投资,制定明确的竞争规则,同时,也需要建立争端具体解决机制,确保发生问题后能够及时应对。

三、优化产业集群发展整体环境

在产业集群形成与发展过程中,必须借助一定区域环境落实相应的工作,为此,应当注重产业集群发展环境的完善,在具体落实过程中,可以从三方面入手:

其一,加强硬环境,包括基础设施,如道路等;交通通信设备,如通信网络等;配套生产生活服务设施,如水电供应等。

其二,加强软环境,软环境主要指的就是社会网络系统,比如社会单位间的政治、经济管理、文化传统,还有人与人之间存在的各类关系。而在产业集群发展过程中,企业与企业之间相互临近,并且在交易过程中,促使集群内企业间频繁进行交流、重复合作,增加了信任度,也正因此,促使产业集群经济主体间出现的经济行为成了社会网络重要部分。

其三,加强技术环境。随着现代社会信息技术公共平台建设,产业若想获得自己的发展空间,应当注重利用现代信息技术、互联网技术等,辅助自身建设网站,积极发展电子商务,为商务沟通提供更大便捷性。

四、产业集群向国际化经营发展

立足国际视角，在培育、发展地方产业集群过程中，应当明确现下经济全球化背景，而后积极与全球价值链体系建立联系，注重提升地方产业国际化水平。目前，国内多数产业一直处于全球价值链底端，整体国际竞争力明显不足，导致经济无法持续、快速发展。例如，作为我国支柱产业的纺织服装产业，虽然在世界市场中存在一定比较优势，但随着经济全球化发展国内纺织服装产业国际竞争优势强度开始减弱。究其原因，主要就是因为我国纺织服装产业在设计、技术、销售网络方面，远不如一些发达国家，导致该产业在全球价值链中，只能做一些较为基础的生产、加工、原始装配工作，而在产品品牌，出口营销等方面存在很大缺口，与国外产业相比，竞争明显不足。

因此，我国在发展产业集群过程中，必须积极调整全球范围内的经济结构，正确认识全球价值链，从而逐步推进企业集群国际化经营，加入国际市场竞争中，通过动态观察方式，深入了解全球竞争对手的价值链定位，并依据此有效调整自身产业在该价值链中的位置、组织方式，从而逐步推进国内外先进要素资源的聚集，一定程度上带动产业链上下游发展，借此持续升级集群。此外，产业集群在发展过程中，应当多与国内外同类集群进行合作、交流，相互学习、借鉴成功经验，助力国内龙头骨干企业和跨国公司实现合资，在此过程中，需要中小企业与跨国公司一同创建配套协作关系，实施战略联盟，发展新兴产业，进而真正意义上带动地方相关产业、配套服务业发展，通过这种内外资融合、联动发展的国际性产业集群，进而助推地区经济良好发展。

五、网络体系应用于建设区域

国家鼓励研发的产业科技政策必须充分应用起来，使得我国科研机构、大学积极开展、参与到有关集群产业研发项目中，特别要注重研发、推广一些可以促进当地产业集群核心竞争优势形成的项目，由此获得更大的产业联动效益。需要注意的是，在此过程中，大学院校、研究机构开展的研发活动，必须适应地区产业需求，为企业急需专门技术实施针对性的开发。在具体实践中，应当为研究机构、集群企业搭建良好的信息、人才交流渠道，促使二者能够相互受益，其中研究部门应当为企业提供最新技术信息、发展趋势预测等内容，与此同时，企业需要及时向科研部门通报产业需求，实现"双赢"。

区域创新体系的形成，必须在企业、研发机构、政府、中介组织之间形成良好的互动和交流，为保证创新网络可以有序运行，还需要借助一些制度进行保证。通过产学研合作政策的落实，进一步提高创新网络节点的创新能力，同时，也可以进一步推动节点间创新思想交流、技术、人才流动。此外，还应当多鼓励大学、科研院所相关科技人员，积极参加高新技术创新活动；引导并鼓励大学教师、研究生进入企业兼职，借此机会融合到产业创新发展中。除此之外，也可通过建立完善的技术开发奖励制度、技术入股制度、科技人员持股经营制度等方式，引导鼓励科研院所承接高新区内企业技术创新项目，同时也要鼓励企业积极主动地与科研院所建立联系，获取其支持，可以通过为科研院所项目提供经费援助的方式，构建完善的产学研联合体。

第三章 民营经济与区域经济高质量发展研究

本章为民营经济与区域经济高质量发展研究，主要从四个方面进行了阐述，依次为民营经济与区域经济高质量发展的相关概论、基于区域视角下民营经济高质量发展的一些典型案例、基于区域视角下民营经济高质量发展过程中存在的瓶颈、基于区域视角下民营经济高质量发展的思路及建议。

第一节 民营经济与区域经济高质量发展的相关概论

民营经济是社会主义市场经济发展的重要成果，是推动社会主义市场经济发展的重要力量，是推进供给侧结构性改革、推动高质量发展、建设现代化经济体系的重要主体。中华人民共和国成立以来，特别是改革开放以来，党中央、国务院出台了一系列支持民营经济发展的政策措施，其中具有典型代表的就是将"两个毫不动摇（毫不动摇地巩固和发展公有制经济，毫不动摇地鼓励、支持和引导非公有制经济发展）"写进了宪法。"两个毫不动摇"是党对多年来坚持和发展基本经济制度成功经验的高度概括。这为促进民营经济高质量发展的理论研究与实践探索提供了重要支撑和政策引导。习近平总书记于 2018 年 11 月 1 日在民营企业座谈会上发表重要讲话时强调，基本经济制度是我们必须长期坚持的制度，民营经济是我国经济制度的内在要素，民营企业和民营企业家是我们自己人。民营经济是社会主义市场经济发展的重要成果，是推动社会主义市场经济发展的重要力量，是推进供给侧结构性改革、推动高质量发展、建设现代化经济体系的重要主体，也是我们党长期执政、团结带领全国人民实现"两个一百年"奋斗目标和中华民族伟大复兴中国梦的重要力量。在全面建成小康社会、进而全面建设社会

第三章　民营经济与区域经济高质量发展研究

主义现代化国家的新征程中，我国民营经济只能壮大、不能弱化，不仅不能"离场"，而且要走向更加广阔的舞台。[①]

然而，融资难、融资贵、各种风险交织叠加、生产经营成本高、企业盈利空间狭窄等问题依然突出，这些都在一定程度上制约着民营企业的健康发展。当下，着力破解制约民营经济发展面临的突出困难和问题，促进经济持续健康发展，创新体制机制，稳定民间投资预期，提振民间投资信心，激发民间投资活力，助推实体经济攻坚，不断优化民营经济发展环境，促进民营企业创新发展、转型发展、高质量发展，是亟待破解的研究难题。

以公有制为主体、多种所有制经济共同发展的基本经济制度，是中国特色社会主义制度的重要组成部分，也是完善社会主义市场经济体制的必然要求。民营经济是社会主义市场经济的重要组成部分，是推动经济社会发展的重要力量，是未来经济增长的主要源泉。民营经济具有五六七八九（即贡献了50%以上的税收、60%以上的国内生产总值、70%以上的技术创新成果、80%以上的城镇劳动就业、90%以上的企业数量）的特征。民营经济已成为推动我国经济发展不可或缺的力量，成为创业就业的主要领域、技术创新的重要主体、国家税收的重要来源，为我国社会主义市场经济发展、政府职能转变、农村富余劳动力转移、国际市场开拓等发挥了重要作用。

一、研究现状

近年来关于促进民营经济高质量发展的研究文献呈增长趋势，其中关于民营经济重要贡献、民营经济发展环境、民营经济发展对策等方面的研究为本书提供了丰富而坚实的理论指导和经验借鉴。既有的相关研究充分呈现出：党的十八大以来，以习近平同志为核心的党中央高度重视民营经济发展，尤其是习近平总书记在民营企业座谈会上的重要讲话，是民营经济发展的里程碑，给民营企业家吃下了定心丸，为民营经济高质量新发展指明了前进方向，送来了浩荡东风。

（一）民营经济的重要贡献

改革开放40年来，民营企业蓬勃发展，民营经济从小到大、由弱变强，在

---

① 习近平.在民营企业座谈会上的讲话（2018年11月1日）[N].人民日报，2018-11-2.

稳定增长、促进创新、增加就业、改善民生等方面发挥了重要作用，成为推动经济社会发展的重要力量。民营企业从无到有、栉风沐雨、敢闯敢干、不断发展，为中国经济社会的发展提供了强劲动力，已经成为国民经济的重要基础以及社会主义市场经济的重要组成部分。民营经济发展迅速，是我国经济社会发展的重要基础。从星星点点到遍布祖国大江南北，支撑全国经济半壁江山，成为我们党长期执政、团结带领全国人民实现"两个一百年"奋斗目标和中华民族伟大复兴中国梦的重要力量。事实充分表明，民营经济是我国经济发展不可替代的骨干力量，民营企业是我国社会进步不可或缺的宝贵财富。

（二）民营经济的发展环境

发展环境是指对企业决策产生潜在影响的各种外在一般要素和条件的总和，包括营商环境、政策环境、法制环境、融资环境、创新环境、人文社会环境、市场环境、社会化服务环境等，伴随着企业经营管理活动整个过程。当前，我国经济下行压力持续加大，加之中美贸易摩擦等因素的不利影响，民营经济发展面临较大困难，在金融去杠杆政策持续实施的背景下，民营企业融资难、融资贵等问题比较突出。同时，民营企业依旧以中小企业为主，分布于传统制造业和服务业，面临着转型升级的难题，一些地方政策仍旧存在实惠少、作用小、周期短等问题，出现形式主义、短期行为等现象。另外，由于体制惯性和改革措施落实不到位，民营经济在市场准入、优质稀缺要素流动和营商环境方面仍然受到歧视和束缚，致使民营企业多处于劳动密集型产业，并徘徊于价值链低端。

当然，企业经营有波动、经济发展有周期，这是客观规律，不可能只升不降、只涨不跌。因此，判断民营经济发展状况，要从整体看、从全局看、从长期看、从趋势看。

（三）民营经济的发展对策

为实现高效益、稳增长、创新驱动发展的目标，首先，必须牢牢抓住增强要素流动性这条主线，将全面实施市场准入负面清单制度、引导优质稀缺要素流动、清理废除妨碍统一市场和公平竞争的规定和做法，作为增强要素流动性、促进民营经济高质量发展的重要任务。其次，继续完善金融市场体系，拓宽支持民营经济高质量发展的融资渠道；疏通资金流向实体经济的通道，提高支持民营经济高质量发展的融资可得性；落实金融"竞争中性"原则，营造支持民营经济高质量发展的公平环境；提高金融创新能力，提供支持民营经济高质量发展的差异化金融服务；强化多方政策配合，形成推动民营经济高质量发展的整体合力。同时，有效避免民营经济支持政策出现的"新形式主义"，是助推民营经济实现健康稳定发展的重要举措。总体上，必须优化民营经济营商环境，提供优质公正的政策环境，形成公正透明的法制环境，创造优良有序的融资环境，建设健康宽容的科技创新环境，形成开放包容的人文社会环境，营造公平竞争的市场环境，创建优良便捷的社会服务环境。

二、民营经济高质量发展的内涵及解析

（一）民营经济的内涵与来源

我国最早提出"民营"概念的文件是1993年6月原国家科委、国家体改委发布的《关于大力发展民营科技型企业若干问题的决定》。该文件指出："民营科技型企业是相对国有国营而言的，它不仅包括以科技人员为主体创办的，实行集体经济、合作经济、股份制经济和个体经济、私营经济的民办科技机构；而且包括由国有科研院所、大专院校、大中型企业创办的，实行国有民营的科技型企业。"可见，当时提出的"民营"是相对于国有国营而言的，民营主要指经营管理机制，即由谁经营管理的问题，但也与所有制有联系，即不是国家投资创办，并分为民营（或民有）与国有民营两大类。但随着我国改革开放不断深入，民营经济不断发展壮大，"民营"这一内涵也发生了一些实质性的变化，即大多数单位和行业讲民营，主要不是指经营管理机制，而主要是指所有权和投入，即把凡是不由国家投入，而由民间投入的行业都列入"民营"。民营经济概念应界定为"民营经济就是以民为主体的经济"。当前应大力扶持民营经济的发展，这既符合现代市场经济发展要求，也能真正体现民营经济以民为本、以人为本的经济特性，即人民经济的性质。本书对民营经济的内涵理解更倾向于如下解释：民营经济是除了国有和国有控股企业、外商和港澳台商独资及控股企业以外的多种所有制经济的统称，包括国有民营经济、个体经济、私营经济、混合所有民营经济、民营科技企业、农民专业合作社等类型。民营经济是具有中国特色的一种经济概念和经济形式。

（二）民营经济高质量发展的内涵

改革开放 40 多年，民营企业敢闯敢干，从无到有，从小到大，由弱到强，不断发展，为我国经济社会的发展提供了强劲的动力，已经成为国民经济的重要基础以及社会主义市场经济的重要组成部分。事实充分表明，民营经济是我国经济发展不可替代的骨干力量，民营企业是社会进步不可或缺的宝贵财富。本书认为民营经济高质量发展应这样理解：要确保民营经济快速发展，切实解决民营企业经营中存在的困难，帮助民营企业走出困境，尤其是促进中小民营企业成长和发展起来，使其规模逐步变大，体现经济效益、社会效益、生态效益等综合效益集聚优势。民营企业、政府和银行都要共同努力，改善民营企业的现状，加强民营企业与金融机构的信息沟通，降低银行的风险，提高银行对民营企业融资的能力，同时政府也要为民营经济的发展创造良好的营商环境，制定有利于民营经济发展的优惠政策。

1. 提高民营企业自身治理效能

一是加强财务信息管理，建立现代化的财务管理制度；二是加强银企沟通，健全民营企业信用体系；三是增强人才意识，建立完善的用人机制；四是增强品牌意识，实施名牌战略；五是重视文化建设，培育企业精神；六是加强舆论宣传，提升企业形象。

2. 健全民营企业金融信贷管理方面的机制

一是加快金融机构自身改革，转变经营态度，变忽视民营企业为重视民营企业，加强与民营企业的信息互动，扩大对民营企业的贷款融资服务；二是建立向民营企业发放贷款的激励机制、约束机制和银企合作的直接信息渠道，健全民营企业融资及信用档案，强化内部金融监管，确保资金投放合理；三是对大企业和民营企业贷款融资一视同仁，通过提高效率降低民营企业融资的成本，尽可能控制民营企业贷款利率上浮幅度，减轻民营企业还贷压力。

3. 完善融资担保体制机制

在加快金融体制改革的同时，也要尽快建立和完善民营企业的融资担保体系。对于融资担保体系的建立和完善，可以考虑以下几个途径：一是建立民营企业贷款担保基金，担保基金应以财政资金为主，同时也可吸收民营企业出资和社会捐资；二是由民营企业联合组建会员制的担保机构，发挥联保互保的作用，实行封闭运作；三是建立和完善民营企业融资担保服务体系，建立健全企业评级、项目评级、代偿制度和担保准备基金等配套体系，在担保业务全过程中都要有相应的配套服务。

4. 重视企业决策管理水平

民营经济要快速发展，关键是要提高民营企业决策者的水平，加强民营企业家队伍建设，凝聚民营企业核心竞争力。

（三）民营经济高质量发展的特征

1. 产权主体呈现多元化

产权是指财产的权利，包括对财产的所有权、占有权、使用权、支配权和处置权。民营企业是除了国有及国有控股、集体经济、外商和港澳台商独资及控股的经济组织外的企业，它的主要成分是私营企业、个体工商户和农民专业合作社。民营企业中的个体企业和私营企业等企业形式因为对其全部财产拥有独立支配的权利，具有所有权和归属权的排他性，因此都具有明晰的产权关系，这样就可以使企业成为自主经营、自负盈亏、自我约束和自我发展的市场主体。

2. 经营机制存在灵活性

民营经济灵活的经营机制建立在自主经营、自负盈亏、自我约束、自我发展和对财产的所有权、占有权、使用权、支配权和处置权的基础之上，具有高度灵活的经营决策权、高度灵活的资产支配权、高度灵活的用人选择权和高度灵活的内部分配权，根据市场的竞争环节灵活应变，不断适应新的市场环境，寻求最好的发展机会，可以最大限度地规避市场所带来的风险。

3. 创新动力十足

民营企业由于受到外在的和自身的激励与压力，能产生创新的欲望和要求，并进行一系列的创新活动，而这些创新活动都以民营企业这一创新主体的利益为中心，因为民营企业在市场经济中的目标就是利润最大化，而利润的多寡直接影响着企业创新的动力大小，只有不断创新，才能获得竞争优势，不断增加利润。正是这种创新动力，促使民营企业应用创新的知识和新技术新工艺，采取新的生产方式和经营管理模式，提高产品质量，开发、生产新的产品，提供新的服务，提高市场竞争力，实现市场价值，推动国民经济的发展。

4. 动力机制相对完善

民营经济的动力机制主要包括以下三个方面：第一，民营企业要面对外部强大的市场压力。一般受企业自身规模和资金等因素影响，民营企业面临的市场竞争尤为激烈，应不断创新，以改进和完善生产、经营和管理等方面的方法，使市场压力转化为市场动力。第二，追求利润最大化的动力。企业生产的目的是扩大再生产，而扩大再生产的终极目标就是实现企业利润的最大化。追求利润的最大化是任何一个企业，尤其是民营企业在市场经济中的首选目标。因此这个终极目标也成为企业发展的强大推动力。第三，企业内部有较强的激励机制。由于产权关系明晰，民营企业具有高度的自主用人选择权和内部分配权，因此企业可以最大限度地引进、使用和储备人才，激励人才在企业创新中发挥作用。在分配上以贡献大小作为评判标准，激发员工的积极性、主动性和创造性，提高企业的劳动生产率。

5. 企业功能和谐发展

民营经济是在市场竞争中成长起来的，其能够适应市场经济的制度安排，产权明晰，责权分明，经营方式灵活，自负盈亏，生产效率高，成本低。但是民营企业一般规模不大，资金、技术、人才信息相对稀缺。民营经济与公有制经济相结合，则正好能弥补这些劣势，发扬自身的优势，这就要求不同所有制经济相互渗透、相互协作、优势互补、共同和谐发展。

三、民营经济高质量发展的相关理论依据

（一）马克思主义生产力理论

社会主义阶段的最根本任务就是发展生产力，社会主义的优越性归根到底要体现在它的生产力比资本主义发展得更快一些、更高一些，并且在发展生产力的基础上不断改善人民的物质文化生活。1984年10月，党的十二届三中全会通过的《中共中央关于经济体制改革的决定》中更是明确指出："把是否有利于发展社会生产力作为检验一切改革得失成败的最主要标准。"。生产力理论的突破性认识对此后社会主义市场中非公有制经济的发展扫除了意识形态障碍，奠定了社会主

义社会非公有制经济发展的理论基础。马克思在《经济学手稿（1857—1858）》中，并没有把原始所有制作为单一所有制机械地进行研究，而是认为同一所有制类型下，由于空间等客观条件的不同，其实现形式会表现出具体性。我国社会主义建设进入新时代，但基本国情没有变，依然要推进所有制实现形式的多样化，即在坚持以公有制经济为主体的同时，促进非公有制经济的发展，确保两者相互促进，共同发展。新时代民营经济的发展具有鲜明的时代性，得益于信息时代的进步，具有与传统民营经济不同的特点，但对其发展的理论依据进行研究时，依然要结合新时期以来党和国家关于民营经济发展的理论和政策进行研究。

（二）经济成长阶段论

经济成长阶段论（The Theory of Stage of Economic Growth）又称作"罗斯托模型"、罗斯托起飞模型（Rostovian Take-off Model），是经济发展的历史模型。经济成长阶段论是从时间进展来分析经济成长的理论，由美国经济学家罗斯托于1960年在《经济成长的阶段》一书中提出。罗斯托认为，人类社会发展共分为6个经济成长阶段。

一是传统社会。其特征是不存在现代科学技术，生产主要依靠手工劳动，农业居于首要地位，消费水平很低，存在等级制，家庭和氏族起着重要作用。

二是为起飞创造前提的阶段，即从传统社会向起飞阶段过渡的时期。在这一时期，世界市场的扩大成为经济成长的推动力。

三是起飞阶段。根据罗斯托的解释，起飞就是突破经济的传统停滞状态。一旦起飞，经济也就可以自动持续增长了。

四是成熟阶段。这是起飞阶段之后的一个相当长的、虽有波动但仍持续增长的时期。其特点是现代技术已被推广到各个经济领域。工业将朝着多样化发展，新的主导部门逐渐代替起飞阶段的旧的主导部门。

五是高额群众消费阶段。这是一个高度发达的工业社会。

六是追求生活质量阶段。

（三）制度变迁理论

美国经济学家道格拉斯·C.诺思（Douglass·C.North）在研究中重新发现了制度因素的重要作用，他的新经济史论和制度变迁理论使其在经济学界声名鹊起，成为新制度经济学的代表人物之一，并因此获得了1993年度诺贝尔经济学奖。20世纪70年代前后，制度变迁理论（Institution Change Theory）表明，对经济增长的研究受到长期经济史研究的巨大推动，最终把制度因素纳入经济增长的解释中来。制度变迁理论认为，经济学意义上的制度"是一系列被制定出来的规则，服从程序、道德、伦理等行为规范"，诺思称之为"制度安排"。制度安排指的是支配经济单位之间合作与竞争的可能方式的一种安排，旨在提供一种使其成员的合作获得一些在结构外不可能获得的追加收入，或提供一种能影响法律或产权变迁的机制，以改变个人或团体可以合法竞争的方式。

诺思的制度变迁理论是由以下三个部分构成的：描述一个体制中激励个人和团体的产权理论；界定实施产权的国家理论；影响人们对客观存在变化的不同反应的意识形态理论。诺思所讲的制度变迁和制度创新都是指这一意义上的制度。制度的构成要素主要有：正式制约（例如法律）、非正式制约（例如习俗、宗教等）以及它们的实施，这三者共同界定了社会的尤其是经济的激励结构。所谓的制度变迁，是指一种制度框架的创新和被打破。制度变迁的一般过程可以分为以下五个步骤：

第一，形成推动制度变迁的第一行动集团，即对制度变迁起主要作用的集团。

第二，提出有关制度变迁的主要方案。

第三，根据制度变迁的原则对方案进行评估和选择。

第四，形成推动制度变迁的第二行动集团，即起次要作用的集团。

第五，两个集团共同努力去实现制度变迁。

（四）产业集群理论

产业集群理论是20世纪80年代出现的一种西方经济理论。产业集群理论是在20世纪80年代由美国哈佛商学院的竞争战略和国际竞争领域研究权威学者麦克尔·波特创立的。其含义是：在一个特定区域的一个特别领域，集聚着一组相互关联的公司、供应商、关联产业和专门化的制度和协会，通过这种区域集聚形成有效的市场竞争，构建出专业化生产要素优化集聚洼地，使企业共享区域公共设施、市场环境和外部经济，降低信息交流和物流成本，形成区域集聚效应、规模效应、外部效应和区域竞争力。

产业集群的研究主要集中在产业集群的机理、技术创新、组织创新、社会资本以及经济增长与产业集群的关系研究，基于产业集群的产业政策和实证研究方面。国内外学者从不同方面研究产业集群，但仍然没有形成系统的理论体系，国外的研究偏重于实证分析及在此基础上的归纳，而且关于产业集群的研究大多以研究论文的形式出现，缺乏系统研究的专著。归纳起来，产业集群存在和发展主要有以下三方面的依据：

1. 外部经济效应

集群区域内企业数量众多，从单个企业来看，规模也许并不大，但集群区内的企业彼此实行高度的分工协作，生产效率极高，产品不断出口到区域外的市场，从而使整个产业集群获得一种外部规模经济。

2. 空间交易成本的节约

空间交易成本包括运输成本、信息成本、寻找成本以及合约的谈判成本集群内企业之间保持着一种充满活力的灵活性的非正式关系。在一个环境快速变化的动态环境里，这种产业集群现象相对垂直一体化的安排和远距离的企业联盟安排，更加具有效率。

3. 学习与创新效应

产业集群是培育企业学习能力与创新能力的温床。企业彼此接近，激烈的竞争压力，不甘人后的自尊需要，当地高级顾客的需求，迫使企业不断进行技术创新和组织管理创新。一家企业的知识创新很容易外溢到区内的其他企业，这种创新的外部效应是产业集群获得竞争优势的一个重要原因。此外，产业集群也刺激了企业家才能的培育和新企业的不断诞生。

（五）中心—外围理论

中心—外围理论（Core and Periphery Theory），是由阿根廷经济学家劳尔·普雷维什提出的一种理论模式，它将资本主义世界划分成两个部分：一个是生产结构同质性和多样化的"中心"；一个是生产结构异质性和专业化的"外围"。前者主要是由西方发达国家构成，后者则包括广大的发展中国家。"中心—外围"理论得以成立的基本条件实际上是"中心—外围"体系的三个基本特征：整体性、差异性和不平等性。

1. "中心—外围"体系具有整体性，统一且动态

普雷维什强调，无论是"中心"还是"外围"，都是整个资本主义世界经济体系的一部分，而不是两个不同的经济体系。现存的世界经济体系是资产阶级工业革命以后，伴随着资本主义生产技术和生产关系在整个世界的传播而形成的，维系这一体系运转的是在"19世纪获得了很大的重要性"的国际分工。根据国际分工，最先取得技术进步的国家就成了世界经济体系的"中心"，而处于落后地位的国家则沦落为这一体系的"外围"。

2. "中心—外围"之间在生产结构上差异性较大

普雷维什的侧重点在于强调二者在经济结构上的巨大差异。技术进步首先发生在"中心"，并且迅速而均衡地传播到它的整个经济体系，因而"中心"的经济结构具有同质性和多样性。所谓"同质性"，是指现代化的生产技术贯穿于"中心"国家的整个经济；而其经济结构的"多样性"表明，"中心"国家的生产覆盖了资本品、中间产品和最终消费品在内的，相对广泛的领域。"外围"的经济结构则完全不同：一方面，"外围"国家和地区的经济结构是专业化的，绝大部分的生产资源被用来不断地扩大初级产品的生产部门，而对工业制成品和服务的需求大多依靠进口来满足；另一方面，"外围"部分的经济结构是异质性的，即生产技术落后、劳动生产率极低的经济部门（如生计型农业）与使用现代化生产技术、具有较高劳动生产率的部门同时存在。

3. "中心—外围"之间的关系存在不对等

这是普雷维什这一理论的第三个主要方面，也是该理论的关键和最终落脚点。他认为，从资本主义"中心—外围"体系的起源、运转和发展趋势上看，"中心"与"外围"之间的关系是不对称的，是不平等的。

（六）价值链理论

价值链理论是哈佛大学商学院教授迈克尔·波特于1985年在其所著的《竞争优势》一书中首次提出的概念。他指出该理论是对增加一个企业的产品或服务的实用性或价值的一系列作业活动的描述，主要包括企业内部价值链、竞争对手价值链和行业价值链三部分。他认为："每一个企业都是在设计、生产、销售、发送和辅助其产品的过程中进行种种活动的集合体。所有这些活动可以用一个价

值链来表明。"企业的价值创造是通过一系列活动构成的。这些活动可分为基本活动和辅助活动两类,基本活动包括内部后勤、生产作业、外部后勤、市场和销售、服务等;而辅助活动则包括采购、技术开发、人力资源管理和企业基础设施等。这些互不相同但又相互关联的生产经营活动,构成了一个创造价值的动态过程,即价值链。价值链在经济活动中是无处不在的,上下游关联的企业与企业之间存在行业价值链,企业内部各业务单元的联系构成了企业的价值链,企业内部各业务单元之间也存在着价值链联结。价值链上的每一项价值活动都会对企业最终能够实现多大的价值造成影响。该理论揭示:企业与企业的竞争,不只是某个环节的竞争,而是整个价值链的竞争,而整个价值链的综合竞争力决定企业的竞争力。

第二节 基于区域视角下民营经济高质量发展的一些典型案例

改革开放以来,我国经济取得了跨越式的发展,我国从一个落后的社会主义国家快速成长为世界第二大经济体,创造出了令人叹服的中国速度。在我国经济实现腾飞的艰难历程中,民营经济这个特殊的群体中涌现了一大批优秀的民营企业,如华为、小米、阿里巴巴、山东魏桥、海航集团、正威国际集团、圣农集团等。民营经济已经成为我国经济体中的重要角色,为我国经济的崛起作出了巨大的贡献。同时,这些民营企业的发展史也为我国其他中小微民营企业的发展带来重要的历史经验,走出了我国民营经济发展的新模式,为其他企业提供了经验借鉴。以下是本书选取的具有代表性和经验借鉴意义的几家民营企业,我们可以从它们的发展历程中汲取对民营经济发展有用的经验和启示。

一、典型案例

(一)稻花香集团

1. 企业的概况

稻花香集团位于湖北省宜昌市夷陵区龙泉镇,自 1982 年起经过 30 多年发展,已发展成为以白酒为主业，以物流、配套、文化旅游为辅的"一主三辅"产业集群的大型企业集团。

2. 发展的战略

稻花香集团明确"名牌商标战略"，合理地制定名牌的目标，树立正确的名牌观念，把握名牌升级的时机，重视名牌的整体优化工作，增强名牌意识；加强科研资金投入，增强自主创新实力，制定生产标准，重视产品质量，结合名牌战略打造名牌产品，以质量保证品牌与企业的振兴发展路径。通过实施生产规模扩大化、经营集团化、多样化战略形成优势产业发展群，以"掀起稻花香新风暴、塑造稻花香新形象、树立稻花香新信心、创造稻花香新辉煌"的"四新"发展战略，推进"百市千县万镇"活动、全国布局的"燎原战略"和"三个重点（重点培育大中型区域、重点培育大中型客户、重点培育四大系列产品）"，实施"产业化发展、效益化经营、科学化管理、创新型营销、智慧型团队"的"五大转型"战略，打造以白酒为主业，以物流、配套、文化旅游为辅的"一主三辅"产业新格局，物流、配套、旅游等辅业同频共振，筑牢了实体经济发展基石。（图 3-2-1）

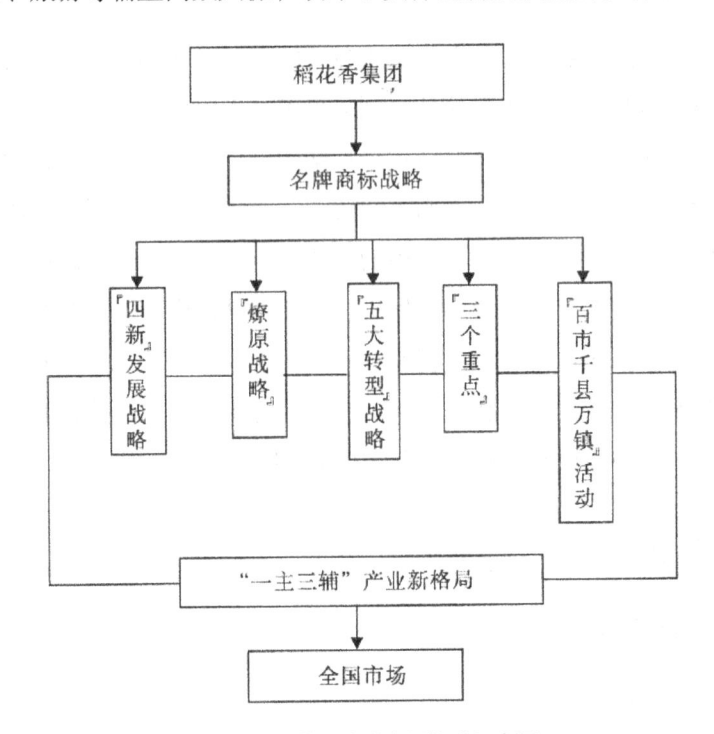

图 3-2-1　稻花香集团发展战略示意图

3. 经营的模式

稻花香集团创立和发展绿色循环经济，树立"为消费者服务"理念，创建服务型团队，以口碑铸品牌，以服务赢得市场；实行市场定位战略，确定企业及产品在目标市场上所处的位置，针对客户的心理需求建立品牌产品，结合名牌商标战略提升目标顾客的忠诚度。聚焦"131"目标，打造"清样""活力型""珍品一号"类产品矩阵，提升价值创造力。稻花香品牌争先进位，推出全国首创馫香型白酒工艺，以市场营销布局，使产品畅销全国28个省31个地级市1005个县。

（二）西王集团

1. 企业的概况

西王集团始建于1986年，是以玉米深加工和特钢生产为主业，兼营投资运动营养食品、物流、金融、国际贸易等产业的大型民营企业，拥有西王食品、西王特钢、西王置业三家上市公司。现拥有总资产500亿元，职工16000余人。

2. 发展的战略

西王集团坚持科技研发创新与技术引进，坚持将技术创新放在企业发展的主导地位，先后与上海兆光生物工程设计研究院、山东大学、江南大学等10多所知名院校、科研单位合作，将科技人员聚集到技术创新队伍中来。设立技术创新基金，建立有效的激励分配机制，健全科技创新激励制度。实施人才梯队建设的企业发展战略，通过创新人力资源管理，提升了全员素质和人才队伍的培养水平，支撑了循环经济战略落地生根。积极实施"借脑工程"，大力实施"人才兴企"战略，建立起引进、使用、留住人才的良好机制：广泛推行"8+1"（每天工作8小时，学习1小时）工作制，提升人才质量；在资金融通方面，建立"银行贷款、上市发行股票、发行企业融资债券"三大融资主体的融资渠道。以西王置业在香港上市为平台，成功地运作了西王食品及西王特钢上市，现已拥有三家境内外上市公司（西王置业、西王食品、西王特钢），正致力于运作玉米期货、加强资本运作、开拓国际市场、推进全球战略。（图3-2-2）

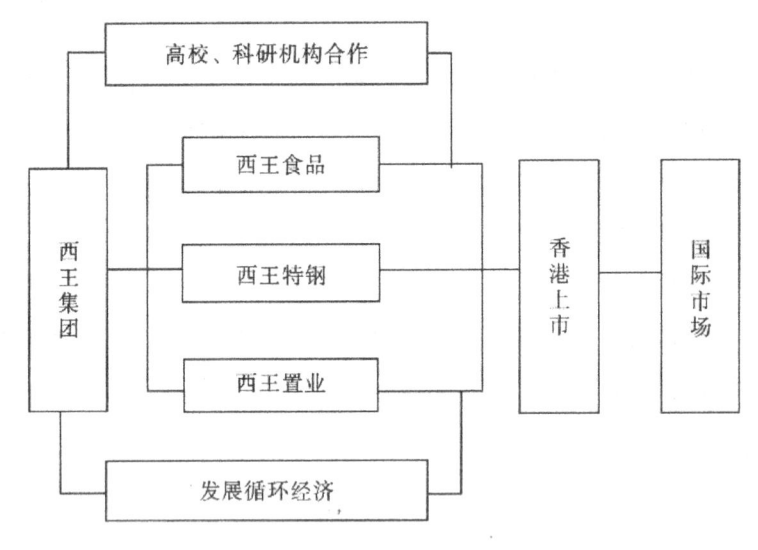

图 3-2-2 西王集团发展战略示意图

3. 经营的模式

大力发展循环经济模式，打造绿色经济产品，建设优质粮油工程，使品牌带动经济发展。实施了以小包装玉米油为主体的品牌建设，实现由中间产品向终端消费品的转变。在北京设立了运营中心，立足北京，辐射全国，建立遍布全国的销售网络体系和渠道。在发展玉米深加工的同时，配套了物流、国贸、金融等服务业，形成了主业突出、多元并进的发展格局。建设农业生态文化产业园，实现农业对二、三产业优势吸收。结合西王集团产业特色，打造集生态农业、观光旅游、文化娱乐、影视拍摄于一体的综合文化产业园，实现三次产业融合发展。以农业产业化为支撑，不断扩大玉米深加工规模，促进农业种植结构优化。带动周边玉米种植 300 万亩，有近 60 万农户间接参与产业链，间接促进山东玉米增值，每年带动山东农民增收近 1 亿元。坚持以工兴农，以企兴村，形成了西王城乡一体化发展新格局，西王村实现了农业产业化、乡村城市化、土地集约化、村企一体化、生活福利化、管理社区化。

（三）通源集团

1. 企业的概况

通源集团成立于 1992 年 11 月 28 日，总部位于贵州省贵阳市，是西部最大的乘用车经销集团之一，投资经营中高端、豪华及超豪华品牌 4S 店。拥有超过

5000人的员工团队，代理20个品牌、拥有99个授权品牌店、分店及二级网络直营店，积累了超过50万名客户。

2.发展的战略

通源集团重视人才团队的建设和人才的培养，从汽修到销售再到服务实施一体化培训。通源集团每年在人才培养上要投入上百万资金，已累计培训了2000多人。通源集团专门成立了"通源学院"，培养自己的管理梯队，并且与贵州交通职业技术学院合作，采用"现代学徒制"人才培养模式培养员工的汽车喷涂技能和挑战能力。通源集团根植于本地市场，适时利用当地的政策扶持。鉴于贵州大数据和大生态战略、贵州对基层的扶贫及投资、高铁及高速公路网络的铺设，通源集团预见贵州地区的经济和消费能力会得到极大提升，果断地把战略重心放在贵州，发展贵州市场。通源集团还注重品牌战略，构筑服务品牌，在北京、上海、广州、深圳等9个省外城市设有子公司，代理劳斯莱斯、保时捷、宝马、奔驰等20多个世界知名汽车品牌，全国共设立了100多个品牌店及分店。围绕产品生命周期的服务、金融服务、售后服务、二手车业务等，用服务创造品牌。（图3-2-3）

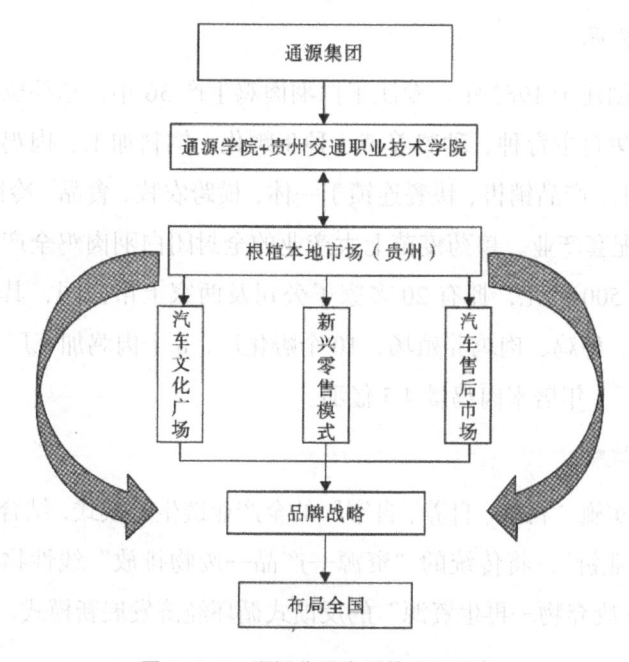

图3-2-3 通源集团发展战略示意图

3. 经营的模式

通源集团改变了传统的经营模式。第一,打造"通源汽车文化广场"的商业模式。占地约26亩的贵阳市观山湖区通源汽车文化广场,引导顾客体验各种豪华、超豪华汽车品牌的产品性能。可以通过用太阳能极板为车辆充电,或者参加赛车、四驱车越野、儿童交通安全训练等主题活动,体验丰富多彩的汽车生活。第二,通源集团始终聚焦于核心的汽车业务,一直把基础的汽车销售和汽车售后服务当作重点。通源集团通过各种方式加快了诸如劳斯莱斯、玛莎拉蒂等高端品牌的建设,把中档品牌建设适当放缓一些,让一些低端品牌干脆给高端品牌的网络铺设让路。第三,通源汽车还重视新零售模式,从集团层面加快了"通源汽车文化广场"这个新兴零售模式的建设进程,这是从品牌结构到运营方式上的结构性创新。第四,推进主营业务的优化,把客户体验不断提升到新的高度,率先开拓汽车服务市场,拓展通源品牌全价值链业务,创立通源"车主饰"、通源品牌保险、通源智选二手车、通源城市展厅以及通源汽车服务等业务,切实围绕用户的美好生活去设计客户体验。

(四)圣农集团

1. 企业的概况

圣农集团创建于1983年,专注于白羽肉鸡生产36年,总部位于福建省南平市光泽县,是集自主育种、种鸡养殖、种蛋孵化、饲料加工、肉鸡饲养、肉鸡加工、食品深加工、产品销售、快餐连锁于一体,横跨农牧、食品、冷链物流、投资、能源/环保、配套产业、兽药疫苗七大产业的全封闭白羽肉鸡全产业链集团。圣农集团总产值500亿元,拥有20多家子公司及两家上市公司,其中,有290个标准化祖代鸡、种鸡、肉鸡养殖场,10个孵化厂,8个肉鸡加工厂,7个饲料厂,8个食品加工厂,年屠宰肉鸡量4.5亿羽。

2. 发展的战略

圣农集团实施"自繁、自养、自宰"的全产业链生产模式,结合圣农集团"一主两副循环产业链",将传统的"资源—产品—废物排放"线性物流模式改造为"资源—产品—废弃物—再生资源"的反馈式循环经济发展新模式。(图3-2-4)

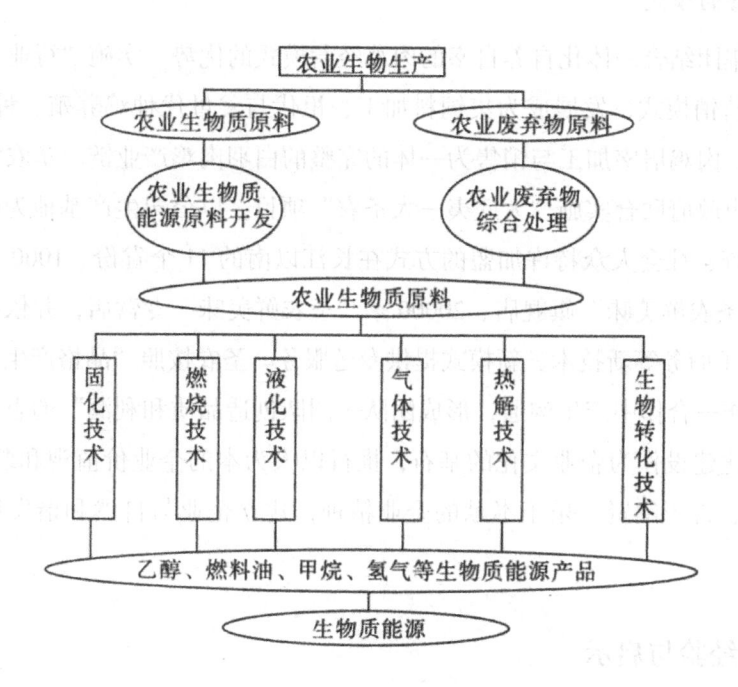

图 3-2-4　圣农集团生产模式示意图

根据农业农村部提出的"农业养殖4.0"精神，圣农集团全面实现管理智能化、生产自动化、食品安全系统化、环保消防标准化。在发展主业的同时，更衍生发展了农牧、食品、冷链物流、投资、能源/环保、配套产业、兽药疫苗七大产业。（图3-2-5）

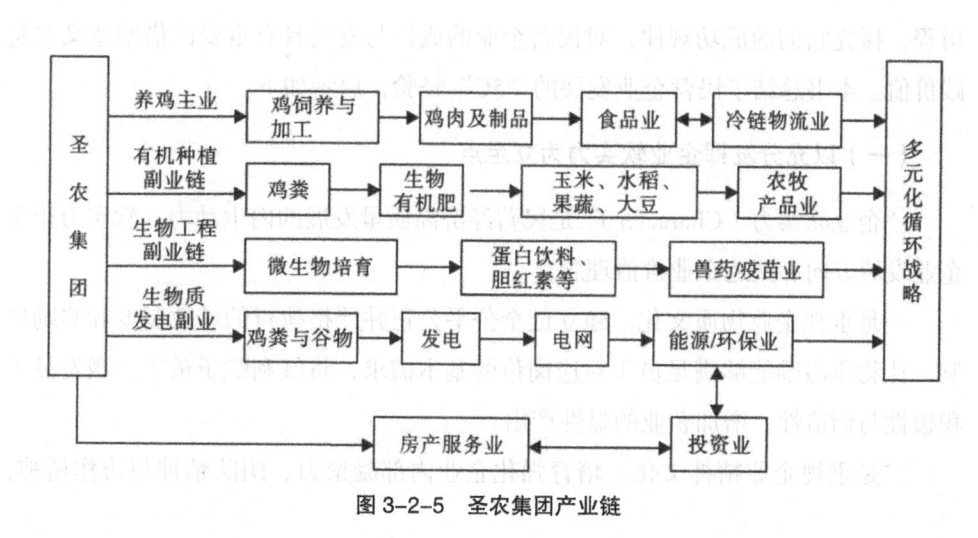

图 3-2-5　圣农集团产业链

3. 经营的模式

圣农集团结合一体化自养自宰的肉鸡经营模式的优势，实施"行业龙头＋优质客户"营销模式，发展成为集饲料加工、祖代与父母代种鸡养殖、种蛋孵化、肉鸡饲养、肉鸡屠宰加工与销售为一体的完整的白羽肉鸡产业链。圣农集团与福建省南平市政府联合实施"大武夷—大圣农"项目，以公司生产基地为中心，以公司零投资、社会大众特许加盟的方式在长江以南的 11 个省份、1000 个县开设 1400 家"圣农鲜美味"旗舰店、20000 家"圣农鲜美味"专营店，并依托"互联网＋"、电子商务等新技术、新模式提供专送服务。圣农按照"品格产生诚信—诚信产生合作—合作中产生沟通，形成团队—团队创造品质和利润"的思维，坚持以诚信文化建设作为企业文化的基石，推行以人为本的企业价值观和敢于拼搏、勇于创新、善于纳贤、乐于奉献的企业精神，建立企业与自然和谐发展的产业模式。

二、经验与启示

民营经济作为我国经济的重要组成部分，它的发展对我国经济的影响至关重要，在吸纳社会就业和创造社会财富等方面发挥了重要作用。但是，我国的民营企业尤其是中小微民营企业，在发展的过程中面临着各种各样的问题，受到诸多内部、外部因素的制约。民营企业要想实现成功转型的突破，不仅要借助外部因素，还要提升企业自身的综合实力。企业的成功是有迹可循的，复盘它们的发展历程，探究它们的成功规律，对民营企业的成长与发展具有重要的借鉴意义与实践价值。本书总结了民营企业发展的"5C"经验，启示如下。

（一）以充分发挥企业软实力为立足点

"企业软实力（Character）"是民营经济高质量发展的内生动力。软实力指引企业发展方向和塑造企业价值理念。

一是重视企业物质文化。建立健全公平公正并严格执行的绩效制度和奖励机制，让物质激励能够满足员工对应岗位的基本需求，将红利赋予员工，激发员工积极性与创造性，增加企业的显性产出。

二是重视企业精神文化。培育强化企业内部凝聚力、团队精神与协作精神，在过程管理中内化员工的集体主义荣誉感与社会责任感，坚持弘扬企业家精神，让企业精神文化成为企业的态度与风气。

三是重视企业社会形象。企业社会形象是企业的名片，是市场和消费者判断企业可信任度的重要因素，要锤炼务实精神和严谨态度，以过硬的品质和优质服务厚植企业的信赖度与依赖度。

（二）以提高经济硬实力为根本点

经济硬实力（Capital）是民营经济高质量发展的必要条件。企业品牌战略影响着企业文化，关系着目标群体，决定着产出效益。

一是形成后发优势。合理利用并整合市场现有的新技术，可降低企业技术创新成本，实现并提升更快速度的获利能力，进而促进资本积累。特别是中小微企业、新型企业及涉农企业，在发展初期要充分利用这一优势。

二是壮大优势产业。在企业产业发展成熟形成竞争优势后，可逐步加强科技创新的投入与科技人才的培养，集中力量发展优势产业，加强与科研院所或地方高校等机构合作研发新技术，降低企业技术研发成本，增强企业产出的合力与效益。

三是建设企业品牌。在发展优势产业的基础之上，积极塑造企业品牌。严格执行质量标准，及时对接反馈机制，主动承担社会责任，参与社会公益活动，厚植企业品牌文化与质量文化。

（三）以完善支撑强体系为支撑点

"支撑强体系（Condition）"是民营经济高质量发展的重要保障。优秀的民营企业往往非常注重完善内部管理体制机制，明确企业内部职能划分与权责归属，提高企业的执行力和抵御市场风险的能力。

一是完善管理体制机制。完善企业管理制度，设置适度的管理幅度与管理层级，明确工作范围和工作职责，配套专项工作领域体制机制，慎重选拔管理干部。

二是完善人才激励机制。引导员工制定职业生涯规划，挖掘企业内部潜在人才资源，适机开展轮岗交流工作，建立科学的激励机制。

三是完善绩效考核标准。建立人才梯队建设培养与考核方案，以考促进，进一步提升员工岗位工作创新能力、项目组织能力、知识运用能力、文字写作能力、财务经营能力等，有计划、有步骤、有节点地开展考察。

四是完善企业联系制度。企业要加强与科研院所、高等院校的深度合作，整合"政、企、产、学、研"各方的优势资源力量，为生产经营、高效管理、品牌打造、决策咨询、科技创新和转型升级服务。

五是完善企业监管制度。完善适合企业实际的监管制度，坚持内外结合，完善监管体系，形成管理体系审核的意识和文化，防止企业内部权力滥用。

（四）以协调运转新杠杆为着力点

"运转新杠杆（Collateral）"是民营经济高质量发展的强大力量。党的十八大以来，以习近平同志为核心的党中央高度重视民营经济发展，作出一系列支持民营经济发展的重大决策部署，为民营经济发展营造良好的环境，进一步提振了民营企业发展信心。

一是要充分利用政策扶持优势。民营企业要合理利用政策优势，科学合理制订企业发展规划，借力对企业进行转型升级或扩大再生产，为企业减负。

二是要合理运用货币政策工具。民营企业要不断增强企业信誉，善于灵活运用货币政策工具，加强与金融机构联系，及时了解信贷政策，主动融入互联网金融主流趋势，拓宽融资渠道，借力推动企业经济体量的增长和企业现金流的增长，提高企业抵御市场风险的能力。

（五）以发展企业生命力为关键点

"企业生命力（Capacity）"是民营经济高质量发展的根本动力。推动民营企业形成产业集群，不仅有利于提高生产率，还有利于转变发展方式、优化经济结构、转换增长动力。

一是完善产业集群规划。打造企业核心产品或产业，重点扶持发展生命力旺盛且契合地方经济社会发展的核心产品或产业，明确产业发展目标与模式，完善产业集群圈的基础设施和服务功能建设，形成"点—线—面"融合发展的产业发展循环网络，增强企业市场竞争力。

二是发展壮大龙头企业。逐步完善产业集群分工协作体系，发挥龙头企业的引带作用，增强龙头企业对于带动小微企业、涉农企业乃至于贫困户的吸附能力，为地方民营经济发展提供特色样板并贡献力量。

三是推动企业区域合作。民营企业要坚持延长产业链、提升价值链、探索创新链，建设发展和引进以核心产业为主导的关联企业和上下游企业，强化专业分工，发挥协作配套效应，聚集配套产业，巩固良好的共商共建共享互动关系，优化有利于企业经济高质量发展的环境。

第三节　基于区域视角下民营经济高质量发展过程中存在的瓶颈

民营经济是我国国民经济的重要组成部分。民营经济在增加财政收入、促进经济增长等方面对地方经济有突出贡献，是地方经济发展的重要支柱之一。民营经济在吸纳城乡劳动力就业、帮扶脱贫等方面也发挥着重要的作用。但是，面对复杂多变的国际经济形势和国内经济下行的压力，民营经济的发展也面临重重困难和考验。结合当前形势，有针对性地剖析当前制约民营经济的瓶颈难题，有利于提出促进民营经济高质量发展的方案。

一、营商环境的限制

从中华人民共和国成立至今，我国的民营经济经历了从无到有、从小到大的发展历程。我国的民营经济在起步阶段主要以粗放的经营模式为主，如"温州模式""吴川模式"等。随着我国经济进入转型阶段，民营经济也进入了由"粗放型"向"集约型"转变的关键时期。在民营经济进入高质量发展的阶段，良好的营商环境的重要性日益凸显出来。

营商环境是指民营经济在整个生命周期中所需要面对的、对自身发展有深刻影响的外部条件的总和。尽管我国对民营经济一直秉持"鼓励、支持、引导"的政策方针，不断优化民营经济的发展环境，但是外部的一些不利因素仍然严重制约着我国民营经济的发展。

二、政策环境的限制

面对民营经济发展的困境,党和国家不断推出积极的政策法规来帮助民营经济高质量发展,各级市委、市政府也不断出台措施来帮扶当地民营经济。但是由于地方部分政策措施不合理或政策落实不到位,出现了"新形式主义"这一问题。

民营经济领域的"新形式主义"主要体现在以下三个方面。

第一,地方利好政策数量虽多,但是质量不佳。尽管地方政府响应中央号召,积极出台一系列措施来帮扶民营企业,但是部分政策制定缺乏实地调研,导致政策含金量不高,对民营企业的帮助有限。

第二,政策不稳定、落地难,行政管理效能低。其一,受地区的行政能力限制,部分政策存在临时性、应急性的特征,政策的连续性和科学性大打折扣,导致部分民营企业的生产受到影响。其二,尽管中央早已出台相关文件要求简政放权、建立服务型政府,但如今仍有些项目审批门槛高、流程复杂、周期过长,导致民营企业的制度性成本居高不下。其三,政府及下辖区的各级地方政府颁布的政策中,部分政策指向性不明显,受益企业不多。

第三,在现实中,仍有许多政策在制定时出现了偏差,导致落实后有收益的企业数量不多,没有切切实实地服务民营企业、减少企业包袱、推动企业繁荣,政策效果不彰。

面对着政策环境的一系列问题,地方政府要立足于实地经济发展情况,规避以上问题,真正用利好政策来帮助民营企业家重振信心,帮助民营企业优化产业结构,最终帮助民营经济实现高质量发展,真正形成效率高于周边。

三、法治环境的限制

法治环境也是影响民营经济发展的重要外部因素之一。一方面法律可以直接调整民营企业的市场行为,引导企业良性发展;另一方面,法律还可以保护民营企业的权益,为民营经济的高质量发展营造良好的外部环境。目前法治环境对民营经济发展的制约主要表现为立法薄弱、执法不力、普法缺位等问题。保护民营经济的一些法律条文多散见于法律法规中,保护民营企业合法权益的法律多为行政法规和政策法规层面,相关法律的权威性不够。这也是我国在民营经济方面立法薄弱的体现。

有些民营经济发展的法治环境制约还表现在执法困难上。在实际的执法过程中，执法者因为种种原因出现了执法不细致、执法"异化"、选择性执法等现象，这些问题严重损害了民营企业的合法权益，打击了民营企业家的信心，形成了影响民营经济高质量发展的瓶颈。

四、市场环境的限制

市场环境对民营经济的制约主要集中在市场调节上。市场调节具有自发性、盲目性和滞后性特点。市场体制不健全会造成不正当竞争行为和市场主体之间的不公平现象。由于我国的市场经济起步较晚，市场经济结构及体制较发达国家相比不甚健全，所以在民营经济的市场竞争中难免会出现一些诸如不正当竞争、极端竞争的不和谐音符，扰乱了正常的市场秩序，影响了原本优良的市场环境。

在一些能源、金融、通信等公有制经济为主的领域，民间资本发展十分薄弱。经济发展中长期存在政策指向性，在一定时期内，有些地区也存在一些关乎民生发展的行业仅允许公有制经济主体进入的现象，造成了市场环境的不公平。公有制经济主体往往比中小型民营经济主体更容易获得有利的生产要素，如土地、能源等。公有制经济主体由于政策优势、资本优势，对民营经济的市场发展空间难免会产生挤压效应。多种因素相互影响，导致中小型民营企业在市场经济竞争中劣势明显。

五、社会环境的限制

有些市镇地区地处西南，发展滞后。相较于东南沿海地区经济欠发达，农业经济长期占据主导地位，基础设施不完善，部分地区信息闭塞，人们对于新生事物接受慢，导致一些新兴产业如旅游业发展缓慢，不利于民营经济的产业结构转型升级。

第四节　基于区域视角下民营经济高质量发展的思路及建议

民营经济是社会主义市场经济发展的重要成果，是推动社会主义市场经济发展的重要力量，是推进供给侧结构性改革、推动经济高质量发展、建设现代化经济体系的重要主体。

一、减少民营企业成本重担

（一）不断减少企业用地成本

一是探索建立健全工业用地先租后让、租让结合、弹性出让等制度，合理缩短工业用地出让年限。

二是让符合产业政策、不改变工业用地用途、按程序提高土地容积率的企业不再补缴土地出让金。

三是培育支持新产业新业态，对先租后让供应土地的，在租赁供应时可实施招拍挂程序，租赁期满且符合条件的可转为出让土地。

四是本着特事特办、妥善从速的原则，着力解决一批民营企业土地房屋产权历史遗留问题。

（二）不断减少企业用能成本

一是积极推进电力市场化交易工作，进一步扩大直接交易范围。

二是贯彻落实国务院关于一般工商业电价的政策。

三是优化民营企业基本电费计收方式，推进企业电费计收渠道便利化、智能化。

四是积极推进锰钡新材料产业聚集区增量配电业务试点改革项目建设，发挥区域优势，着力降低企业用电成本。

五是加快建设天然气管道"县县通"工程，争取早日建成通气，降低企业用气成本。

（三）不断减少物流运输成本

一是积极培育、引导、推进全市交通运输物流企业信息平台建设，降低货运车辆空载率。

二是鼓励民营企业探索创新，组织公路、铁路、内河等联运。

三是加快实施城市绿色货运配送示范工程建设，实现城际干线运输和城市末端配送的有机衔接，提升流通效率。

四是综合运用资金补贴，支持农产品冷藏库、冷藏车项目建设，减少中间环节费用，减少企业运输成本。

（四）不断减少企业税费负担

一是严格落实税收优惠和收费减免政策，适时公布更新涉企行政事业性收费目录清单和政府性基金目录清单，确保企业知晓。

二是政府部门委托的涉企技术性中介服务费用应该由政府部门支付并纳入部门预算。

三是进一步清理规范涉企保证金，严格执行已公布的涉企保证金目录清单，推广以银行保函替代现金缴纳保证金。

四是企业获得的财政扶持资金，符合税法规定的可作为不征税收入，在计算应纳税所得额时从收入总额中予以减除。

（五）不断减少企业用工成本

一是贯彻落实国家统筹降低社会保险费率相关政策，征收机构不得擅自规定或调整缴费基数和比例。

二是规范住房公积金缴存比例和缴存基数，对于生产经营困难企业，除可降低缴存比例和缴存基数外，还可依法缓缴，待效益转好后再提高缴存比例或恢复缴存并补缴缓缴的住房公积金。

三是对民营企业全职引进的各类急需人才所需的租房补贴、安家费以及科研启动经费等人才开发费用，可按照规定进行税前列支。

（六）不断减少制度性交易成本

一是进一步精简行政审批流程和中介服务事项，清理规范政府定价的中介服务收费，深入推进商事制度改革、注册登记便利化改革，纵深推进"多证合一""证照分离"改革，积极推动"照后减证"，全面推行"双随机、一公开"，进一步缩短企业开办时间。

二是全面梳理企业投资项目核准前置审批事项，对法律法规没有明确规定为前置条件的事项，一律不再进行前置审批，对鼓励发展的重点产业投资项目，实行"同步受理、同步介入、同步审查、限时办结"。

三是探索推进环评与选址意见、用地预审、水土保持等实施并联审批，原则上一个工业园区由政府统一出资做环评规划，入驻企业凡属于符合规划的项目，简化环评内容。

二、民营企业融资难题的解决策略

（一）扩大民营企业融资渠道

一是市财政每年应安排设立一笔专项资金，作为全市民营企业发展的专项资金，重点用于民营企业尤其是中小企业发展过程中实施的技术改造与创新、人才培训和奖励等费用。

二是各区县每年也应安排设立一笔专项资金大力支持民营企业尤其是中小企业申报国家、省级工业和信息化发展专项资金、绿色发展基金。

三是市直各有关部门也要加大向上争取各专项财政资金力度，共同支持民营企业发展。

（二）完善政策融资担保能力

一是多渠道筹措资金，从财政资金安排、合作银行参股、市级担保公司参股、基金投入等多渠道筹集资金，做大政策性担保机构，提升融资担保能力，促进民营经济快速发展。

二是鼓励政府支持的融资性担保机构降低担保费用，对中小民营企业融资性贷款提供优质担保服务，并按照一定比例给予风险补偿。

三是鼓励民营企业通过"征信机构+银行+担保"的中小企业"信易贷"融资模式获得银行信贷支持，降低民营企业融资成本，提升融资办理效率。

（三）支持鼓励民营企业上市，多措并举

一是对在主板、科创板成功上市的民营企业，由所在区县政府和市政府同时予以高额度的奖励。

二是对在中小板和创业板成功发行股票上市的民营企业，由所在区县政府和市政府同时予以较高额度的奖励。

三是对在新三板挂牌的民营企业，由所在区县政府和市政府同时予以一定额度的奖励。同时，以上奖励应在企业挂牌上市成功后一次性拨付。

三、放开民间投资准入标准

（一）扩宽民间投资范围

一是落实公平竞争审查制度和政府投资条例，除法律法规明令禁止的外，不

得以规范性文件、会议纪要等任何形式对民间资本设置附加条件和准入门槛。

二是保障民营企业与其他类型企业按同等标准、同等待遇参与政府和社会资本合作项目，不得以不合理的采购条件对潜在合作方实行差别待遇或歧视性待遇。

三是政府投资优先支持引入社会资本的项目，根据不同项目情况，通过投资补助、基金注资、担保补助、贷款贴息等方式，支持社会资本进入现代山地特色高效农业、加工业、农产品流通业、大数据产业、大健康产业等重点领域。

（二）打造创新管理模式

探索在产业园区开展审批手续前置办理试点，以园区为单位，以区域评价和规划为引领，以准入条件为约束，将部分具备条件的审批事项交由政府提前集中统一办理，单个项目建设时不再办理相关手续，逐步实现企业投资项目监管由事前审批向加强事前服务引导和事中事后持续跟踪监督的转变。

四、推动民营企业壮大与发展

（一）全力打造一批民营企业培育工程

一是组织实施民营企业培育工程和"专精特新"中小企业培育工程，重点培育一批领军型民营企业、骨干型民营企业、成长型民营企业。

二是大力实施中小民营企业年度行动，动态培育成长潜力较大的中小民营企业。

三是加快培育民营企业"个转企、企转规、规转股、股转上"，提升民营企业发展和市场竞争能力。

（二）全力打造一批民营企业孵化工程

一是对新建并通过认定的国家级、省级高新技术（特色）产业化基地（开发区），按照有关规定分别给予一定比例的科研补助。

二是对新认定的国家级、省级科技企业孵化器（众创空间、星创天地），按照有关规定分别给予一定比例的科研补助。

三是对新建并通过认定的国家级、省级工程技术研究中心（工程研究中心、企业技术中心、重点实验室），按照有关规定分别给予一定比例的科研补助。

四是对新建并通过认定的院士工作站、博士后工作站，按照有关规定分别给予一定比例的科研补助。

五是对新认定的省级创新型领军企业、国家高新技术企业，按照有关规定分别给予一定比例的科研补助。

六是对新认定的科技型小巨人企业、小巨人成长企业、科技型种子企业、大学生创业企业，按照有关规定给予一定比例的科研补助。

七是对企业的科研经费补助，主要用于科学研究与试验发展经费投入，补助经费可由市级财政和项目归属地县级财政分别按一定比例承担。

五、优化公平高效市场环境

（一）打造数据信息共享平台

一是依托政府门户网站建立跨部门涉企政策、招商引资项目和公共服务工程项目"一站式"网上发布平台，及时为民营企业提供政策信息服务。

二是打造线上线下一体化智慧政企服务平台，实现各部门各行业间数据信息互通共享，提高政务服务效率。

（二）全力营造良好法治环境

一是认真落实上级有关文件精神，积极为民营经济发展营造良好的法治环境。

二是严格规范涉及民营企业、民营企业家案件处置法律程序，依法慎用拘留、逮捕和查封、扣押、冻结等强制措施，最大限度减少对产权主体合法权益和正常经营活动的损害及影响。

三是严格区分经济纠纷与经济犯罪的界限，防范刑事执法介入经济纠纷。

四是严格坚持"罪刑法定、疑罪从无"原则，让企业家卸下思想包袱，轻装上阵。

五是持续推进解决执行难问题，规范涉企执法检查活动，着力改善涉企执法环境。

六是严禁以各种借口到企业反复检查，违反规定任意对合法企业实施查封。

七是对确实存在违法违规行为的企业，通过"一企一策"依规依纪依法查处整治，不得简单实施大面积停水、停电、停工、停业、停产等行为。

八是探索组建民营企业律师服务团队，为民营企业进行免费"法制体检"。

六、构筑清正廉洁的亲清新型政商关系

（一）优化领导联系制度

一是开展领导干部联系服务企业专项行动，多措并举帮助民营企业解决实际困难。

二是对政商关系中的违规违纪行为零容忍，机关单位工作人员尤其是领导干部在与民营企业负责人交往中要遵规守纪、廉洁自律，不得利用职权干预和插手市场经济活动，为企业谋取不正当利益或损害其合法权益。

（二）实施专项清欠行动

一是建立政府部门、国有企业对民营企业欠款台账，开展专项清欠行动，签订还款协议，对欠款"限时清零"，严禁发生新的欠款。

二是将欠款额度大、时间长、不按还款协议支付欠款的单位或部门列入失信"黑名单"。

三是充分运用市场化、法治化手段营造践诺守信的市场环境。

（三）打造绿色通道平台

建立健全"服务民营企业领导直通车"平台，在市政府总值班室设立固定电话，同时在市政府门户网站设置在线写信平台，受理民营企业相关人员的政策咨询、情况反映、建议意见等方面的来电来信，及时反馈办理情况，提高政府部门履职水平，切实维护企业合法权益。

七、持续抓好脱贫攻坚品牌活动

（一）发挥"东西部扶贫协作"战略优势，牵动民营经济

抓好"东西部扶贫"协作战略机遇，突出抓好人才交流、产业合作、劳务协作、携手奔小康等重点工作，撬动"牵引力"，助推脱贫攻坚进程。

1. 建造园区建设合作升级版

合理挖掘产业园区的经济增长动力，统筹协调技术创新、资本积累、人力资本、制度创新、基础设施等投入要素，打通园区建设与发展的一体化配套服务，形成集供应链、价值链、创新链为一体的园区经济网络，探索构筑园区区块链。

2. 建造农业产业合作升级版

以农村产业革命为主线，聚焦农业主导产业和主导农产品，深入推进"一村一品"和"一县一业"品牌建设，因地制宜培育和构建新型农业经营主体联合体，着力解决产销对接渠道不畅、阵地建设配套滞后、产业运转资金紧缺、农业产业化项目后续推进困难等突出难题，转变发展观念办产业，提高产能动力兴产业，深化长效合作强产业，切实推进产销对接、产业合作、产业可持续发展。

3. 建造文化旅游合作升级版

依托地方文化、土司文化、乡愁文化、红色文化等资源，挖掘"吃、住、行、游、购、娱"和"商、养、学、闲、情、奇"等旅游发展或拓展要素，量体裁衣开辟商务旅游、养生旅游、研学旅游、休闲旅游、情感旅游、探奇旅游等丰富的旅游融合业态，延伸和拓展文化旅游领域合作路线与空间。

4. 建造人才智力支持升级版

重视人的因素，把提升人的综合素质作为推动地方经济社会发展的关键动因，激发人的首创精神与主观能动性，通过教育合作、培训专班、人才交流、劳务协作、智库搭建等合作平台，转变传统的"输血"依赖模式，转型升级"造血"生力模式，在思想观念、产业发展、技术创新、对接机制、合作模式、氛围营造等方面作出"增长极"贡献。

5. 建造帮扶合作模式升级版

开创"扶贫 扶志 扶智"融合帮扶模式，开发智慧资源，发展智慧产业，推动一二三产业业态融合与创新发展，以帮扶促合作，以合作促发展，切实推动帮扶合作向更高水平、更高质量协同发展。

（二）持续"千企帮千村"行动，培育民营经济"生命力"

抓深"千企帮千村"精准扶贫行动，充分利用民营企业人才、资金、技术、项目等优势，通过产业帮扶、就业帮扶、金融帮扶、商贸帮扶、公益帮扶等途径，积极推进"千企帮千村"精准扶贫行动，形成专项扶贫、行业扶贫、社会扶贫"三位一体"大扶贫工作格局，以"生命力"助推脱贫攻坚。

1. 产业帮扶

通过"公司+合作社+农户""公司+农户""公司+基地+贫困户"以及合作社+家庭农场+农户等模式，积极发展茶叶、畜牧养殖、蔬果、食用菌、中药材、油茶六大产业，与贫困村、贫困户签订协议，实施结对帮扶，形成利益联结体，踏出"造血式"产业精准扶贫新路。

2. 就业帮扶

通过增加项目投入、丰富技能培训、提供就业岗位、创新就业模式等形式，建立丰富多样的订单模式，增加销售渠道，帮助贫困家庭拓宽就业路径和收入来源，实现贫困家庭与贫困群众稳定就业增收。

3. 金融帮扶

多渠道、多方式、多类别积极建立利益共享机制，推动完善"政府投入+金融机构支持+社会力量参与"等帮扶机制，探索"农民入股+保底收益+按股分红""精扶贷+企业+贫困户"等金融扶贫模式，打通融资困难等制约路径，引导民营企业建立契约型、分红型、股权型等合作方式。

4. 开展商贸帮扶

积极主动融入市场，充分利用市场信息资源，帮助结对帮扶村对接外部市场，通过代销、委托加工、农企直通车等形式销售农特产品，通过"电子商务+精准扶贫"等模式，积极与阿里巴巴、京东、苏宁等知名电商对接，推介农村土特产品。

5. 公益帮扶

通过捐资、捐物、完善基础设施、开展社会活动等多种方式，践行助学、助老、助残、助医、助困、助贫等公益帮扶，进一步帮助贫困群众想问题、解难题、办实事。

（三）积极实施"百千万行动"，加强民营经济"驱动力"

抓实"百千万行动"脱贫攻坚措施，广泛动员政协委员企业特别是政协委员，充分发挥政协代表性强、联系面广、包容性大的独特优势，积极开展"千家委员企业帮扶千个贫困村"和"万名政协委员结对万户贫困家庭"行动，深入联系贫困村、结对贫困户，参与深度扶贫，帮助贫困群众解决实际困难和问题，政协系统通过智力帮扶、产业帮扶、就业帮扶、慰问帮扶等多种形式，提升"驱动力"助推脱贫攻坚进程。

1. 完善并制定政协班子成员联系委员企业制度

建立健全政协班子成员联系委员企业制度，引导委员企业联系帮扶贫困乡镇和贫困村，帮扶发展天麻、脱毒甘薯、精品水稻等产业，吸纳贫困群众到委员企业就业，资助困难家庭学生上学，资助改善办公条件，多渠道带动贫困户脱贫。

2. 积极推动"三抓、三包、三联"活动

持续开展"三抓、三包、三联（抓协商、抓监督、抓调研，市级领导包乡、县级领导包村、其他干部包户，联系贫困村、联系贫困户、联系办实事）"活动，引导政协委员走访调研，深入贫困村、贫困户，积极宣传党的惠民政策，认真搜集反映社情民意，努力为贫困群众办好事、办实事。

3. 探索创新"三帮一转"活动

探索创新"三帮一转（帮就业、帮就学、帮就医，转身份）"活动。在帮就业方面，通过开展易地扶贫搬迁群众劳动就业专题培训、向东部地区城市输出务工人员、就近安置就业、自主创业、发展社区集体实体经济、协调企业打造员工家属活动室和四点半学校等多渠道拓宽就业岗位和空间。在帮就学方面，统筹社会力量新建城区幼儿园、小学、初中、高中。在帮就医方面，在各安置点配套建设标准化卫生室，配齐医务人员，调配卫生专业技术人员，为搬迁群众提供高质量、高水平的基本医疗卫生服务，实现医疗机构结算系统与新农合、医保中心、民政医疗救助等"一站式服务"。在转身份方面，通过突出党建引领、配套公共服务设施、开展感恩教育、丰富文化娱乐活动等措施，促进搬迁群众从村民转变为市民，快速融入城镇生活。

4. 优化"电商平台＋产业村"电商产业发展路径

以电子商务精准扶贫为切入点，推动电子商务和农村主导产业相融合，引导乡镇（街道）、村（社区）与电商企业开展农产品产供销合作，由电商平台提供包装、销售、物流等网销支持，贫困村承担绿色农产品规模化生产，打造一批电子商务产业乡、产业村，实现"农户足不出山、产品行销全国"。

5.积极示范与推行利益联结模式

推广示范"党组织＋合作社（企业）＋基地＋贫困户＋非贫困户"等利益联结模式，发挥组织、人力、生态、土地、环境等资源优势，形成"1（主导产业）＋N（辅助产业）"产业发展新格局。

第四章　创新驱动与区域经济高质量发展研究

本章为创新驱动与区域经济高质量发展研究，主要从四个方面进行阐述，依次为创新驱动与区域经济高质量发展的相关概述、创新驱动高质量发展过程中遇到的问题、创新关键在于原始性突破、创新驱动高质量发展的举措建议。

第一节　创新驱动与区域经济高质量发展的相关概述

一、从三次工业革命了解创新驱动的进程

历史上，每一次工业革命的产生和发展，都是以一定的创新模式作为其动力的。基于三次工业革命的时代背景和发展脉络，考察创新驱动的历史特点。

（一）第一次工业革命

18世纪中叶，随着英国资产阶级统治的确立，圈地运动使大批农民成为雇佣劳动力。奴隶贸易和殖民掠夺带来大量资本，同时工场手工业时期积累了生产技术和科学知识，由此，英国成为世界最大的殖民国家，国外市场持续扩大。第一次工业革命从英国开始，之后延续到法、美、德、意、俄、奥、日等国。它不仅是一场生产技术上的革命，也是一次深刻的社会革命，引起了生产力、生产关系和社会方式等多方面的重大变革。

在生产力上，工业革命不仅改变了生产技术和劳动工具，而且也改变了产业结构。从发明使用蒸汽机开始，由实践经验丰富的工人、技师进行技术创新，工厂沿河布局，人类社会由此进入"蒸汽时代"。手工被工厂这种新兴的生产组织

形式所取代，带来了手工操作向大机器生产过渡的一个飞跃。纺织、冶金、采煤、机器制造和交通运输成为资本主义工业的五大支柱。紧接着，工业革命还引起了社会变革，如人口的增加和社会经济结构的巨变。丰富的物质产品、良好的社会条件以及长足发展的社会生产力，导致英国人口爆炸式增长。英国社会的流动性也随着工业化，特别是交通运输业的发达而大大加速，引发了英国工业经济中心的扩散和城市化的浪潮。由是观之，第一次工业革命的产生与发展，孕育着从科学（知识）创新、技术创新到产品创新、城市（区域）创新的动力演进。

（二）第二次工业革命

1870年前后产生的各种新技术、新发明层出不穷，被迅速应用于工业生产，促进了经济的发展。到了19世纪，随着资本主义经济的大规模发展，自然科学研究工作在各个领域都取得了重大进展，为第二次工业革命提供了科技支撑。与此同时，十九世纪六七十年代，资本主义制度在世界范围内确立，资本主义世界体系初步形成，并通过殖民地掠夺积累大量资本，全球财富向最发达的几个资本主义国家集中，为第二次工业革命的爆发提供了制度保障。

科学技术再一次在工业革命的爆发中起到了关键性作用，在三个工业化领域崭露头角，即新能源发展利用、新机器新产品创制、远距离通信等。同时，工业革命对经济发展的推动，也形成许多新产业部门，如电子工业和电器制造业、石油开采业和石油化工业，以及新兴的通信产业等。资本的高度集中产生垄断，资本主义进入帝国主义阶段。由此看来，第二次工业革命的主要动力是科技（知识）创新、技术创新、产品创新、业态创新、组织创新、模式创新等创新模式，人们从"蒸汽时代"进入"电气时代"，交通运输的新纪元到来。

（三）第三次工业革命

以互联网技术和生物医药技术创新为核心的第三次工业革命在"二战"后逐步拉开帷幕。现今，推动全球第三次工业革命的创新已从宝塔式向扁平化发展，在社会的各个阶层、任何环节、任何方面都有创新的源泉和巨大需求产生。从信息、知识、技术、产业、市场到消费都出现了各种各样的创新，形成协同效应。创新已不是所谓学院式的任务，而是需要全社会共同参与。在整个创新过程中，通信技术是神经中枢，绿色能源是血液系统，分布式创新结构是骨骼支架。

对第三次工业革命有着长期研究的未来学家杰里米·里夫金认为能源、互联网和可再生能源的融合给人类带来了生产生活和社会经济的巨大变化。第三次工业革命的开端即将到来，其主要包括五个方面：一是转变为非再生能源；二是把所有大陆上的建筑物都改造成小型电站，实现当地可再生能源的收集；三是将氢气等储存技术应用于各类建筑及基础设施，实现间歇性能量的储存；四是通过互联网，将各个大陆的电网改造成一个能量共享的电网，这样才能更好地利用资源；五是将交通工具改成可充电汽车和燃料电池汽车，需要的电力由上面提到的电网提供。[1]

《经济学人》杂志的编辑保罗·麦基里（Paul Markillie）长久以来一直对制造业技术和数字制造的发展保持着高度的关注，他认为第三次工业革命就是数字化革命，将会给制造方式带来巨大的变化，在此过程中，大规模的流水线制造将会结束，人们可以根据自己的意愿进行设计。第三次工业革命将由制造业的数字化来引领，智能软件、新材料、灵敏机器人、新的制造方法及一系列基于网络的商业服务将形成合力，发挥足够强大的力量改变经济和社会的发展。第三次工业革命还会引发一波"反城市化"的浪潮，用一种零散的、自足的乡村生活代替都市化的生活。

复旦大学教授芮明杰将第三次工业革命的实质总结为，在科学技术创新的推动下，以科技创新为动力，以数字制造技术、互联网技术和再生性能源技术的重大创新和融合为代表，从而引发了工业、产业甚至社会的重大变革；在这一过程中，非但会出现一些可以替代已有行业的新行业，它还将导致制造模式、生产组织方式，甚至是社会生产方式、社会结构、文化等方面的巨大变化，从而使人类步入生态和谐、绿色低碳、可持续发展的新时代。[2] 因此，第三次工业革命将极有可能突破前两次工业革命将科技（知识）创新、技术创新、组织创新、城市（区域）创新等模式作为主要动力的局限，将创新的领域扩展到业态创新、管理创新、商业模式创新、生活模式创新等领域。各类创新模式之间形成协同效应，共同推动第三次工业革命的进程。

---

[1] [美]杰里米·里夫金.第三次产业革命[M].北京：中信出版社.2012：32.
[2] 芮明杰.第三次工业革命的起源、实质与启示[N].文汇报，2012-09-17，（00D）.

二、"创新驱动"的内涵

对创新概念的理解最早始于技术与经济相结合的角度。亚当·斯密早在《国富论》中就曾提出了分工可以提高劳动生产率的思想,分工的结果是带来生产的专业化,从而为创新打下基础。创新理论之父约瑟夫·熊彼特曾探讨了技术创新在经济发展过程中的作用,其独具特色、博大精深的理论内涵,影响和引导理论思辨展开,奠定了熊彼特在创新思想史研究领域不可撼动的学术地位。然而,创新理论演进到今天,已然幻化出形形色色的关于创新理论的思辨与解读,从总体上看,大致可梳理成三种:第一种是狭义的技术创新,第二种是基于创意的体制机制创新,第三种是更加广义的经济发展阶段的创新与更迭。党的十八大报告提出实施创新驱动发展战略,覆盖了微观、中观与宏观创新含义的理论创新,不仅关乎国家发展全局的方向,更是切中加快转变经济发展方式的动力之源。

(一)斯密式创新

对于"经济学之父"亚当·斯密而言,发明和技术变革都是创造"国民财富"的重要因素。但斯密认为,是劳动分工,而不是发明本身,才是创造国民财富的主要驱动力量。[1] 这一点与斯密之后经济学家的观点有所不同,比如,约翰·雷(John Rae)等。

斯密认为,劳动分工的重要结果之一就是导致了发明和创新,其中,劳动分工是原因,发明和创新是结果。正如斯密在《国富论》中所指出的:

人们之所以会发明那些大规模简化与节省劳力的机器,追根溯源似乎也是由于分工的缘故。如果人们的心思全部集中在某个目标,而不是分散到许多五花八门的事情上时,人们比较可能发现更简便的方法去达成目标。分工之后,人的注意力自然而然会倾注于某个简单工序。所以工序只要有改良的余地,在执行该工序的工人中,迟早会有人发现一些比较简便的方法来完成自己的工作。目前那些分工最细密的制造业所使用的机器,大部分原本是某些普通工人的发明;每个人都只操作某种简单的工序,自然而然会把心思花在设法找出较简单的操作方式。[2]

马克思也看到了从劳动分工到技术进步之间的内在联系,他在《资本论》第

---

[1] [英]彼得·斯旺. 创新经济学[M]. 上海:格致出版社/上海人民出版社,2013.
[2] [英]亚当·斯密. 国富论[M]. 谢宗林译. 上海:中央编译出版社,2010.

一卷"资本的生产过程"第四篇"相对剩余价值的生产"中指出,劳动的专业化分工是机器产生的前提。

当不同的工作流程相互分开时,每个地方的工作都由地方的工作人员来完成,这是最适合的,也是最专业的工作流程,以前被用来做各种用途的工具肯定会有所改变。工具使用方向的改变,是根据从工具原来形式带来的特殊困难中得出的经验决定的。劳动工具的分化和劳动工具的专门化,是工场手工业的特征,前者使同类的工具获得了适合于每种特殊用途的特殊的固定形式,后者使每种这样的特殊的工具只有在专门的局部工人的手中才能充分发挥作用。在工场手工业阶段,劳动工具被简化、改进、多样化,以适应当地劳动者的特定功能。在这种情况下,作坊和手工业时代创造了机器,而机器正是由一系列简单的工具组成的。①

(二)熊彼特式创新

创新理论之父约瑟夫·熊彼特认为,创新是一种"创造性破坏"(creative destruction)或"毁灭性创造",表现为一种新的"生产函数",在生产系统中引入一种以前没有出现过的"新组合",从而在生产系统中形成"新组合"。②最大限度地获取超额利润是创新不竭的动力,而经济发展是持续创新的结果。

在熊彼特看来,主要有五种不同的创新形式:

一是采用一种新的产品,即消费者还不熟悉的产品或某种产品某一方面的新品质。

二是采用一种新的生产方法与工艺流程,这种新方法和新工艺,可以建立在科学新发现的基础上,也可以是一种新的商业模式但不为现有生产流程所知悉。

三是开辟一个新的销售市场,这是国家的相关制造部门以前不曾进入的市场,可能存在也可能不存在。

四是获取原材料或半制成品的一种新的供应来源,不论这种供应来源是业已存在只是过去未被人注意或者认为无法进入,还是需要创造出来的。

五是构建一种新的组织,比如通过托拉斯化创造一种垄断组织,或是打破某一组织的垄断地位。

---

① [德]卡尔·马克思. 资本论(第一卷)[M]. 北京:人民出版社,2004.
② [美]约瑟夫·熊彼特. 经济发展理论[M]. 北京:商务印书馆,1990.

概况地看，这五种创新形式，依次对应于产品创新、工艺创新、市场创新、资源配置创新和组织创新，而这里的"组织创新"，也可以看作是部分的制度创新，但仅仅是初期的狭义的制度创新。

在五种创新形式下，熊彼特的创新理论进一步提出了六个基本观点。

第一，创新内生于生产过程。尽管投入的资本品和劳动力数量的变化，能够导致经济增长方面的变化，但这并不是唯一的变化，那些不能用从外部加于数据的影响来说明的，而从经济系统内部发生的创新要素，比如投入要素质量的提升，可能更为重要。

第二，创新是一种"革命性"的变化。这意味着创新的过程充满着突发性和间断性特点，需要对经济发展过程进行阶段性、动态性与全局性的捕捉。

第三，创新同时意味着毁灭，意味着新事物对旧事物的替代与否定。在竞争性环境下，新旧更替、此消彼长，创新更多地表现为经济实体内部的自我更新与自我演进。

第四，创新必须以创造新价值为衡量标准。发现新知识、新方法和发明新工具是创新的前提条件，创造新价值则是新知识、新方法和新工具加以应用的结果。

第五，创新是经济发展的本质规定。这无疑解释了发展与创新之间的等价联系，同时，也将增长与发展区分开来，前者是由要素增长导致的，不在质的方面产生新的变化。

第六，创新的主体是"企业家"。企业家的核心职能不是经营管理，而是实现生产要素的"新组合"，这个核心职能把真正的企业家活动同其他活动区别开来，使得勇于创新的"企业家精神"成为推动经济发展的核心力量。所以在这个意义上，尽管市场竞争会培育出大部分"企业家精神"，但并不是所有的企业家都具备企业家精神，同时，也不是只有企业家才可能拥有"企业家精神"，那些致力于"新组合"的非市场行为，也应当视作"企业家精神"的来源。

熊彼特还强调了一个非常重要的且与新古典经济学不同的观点，即在推动竞争和促进发展方面，这种"创造性破坏"比传统价格竞争更为有效。

与教科书中所描绘的不同，在资本主义现实中，不是那种竞争起作用，而是新商品、新技术、新供应渠道、新型组织所带来的竞争起作用。这种竞争具有成本或质量上的决定性优势，打击的不是现有企业的利润边际和产出水平，而是企业的基础和生命,这种竞争比其他竞争更为有效,就像用炮轰和徒手去开门的差异一样,这种竞争如此重要,以至于其作用发挥在通常意义上是快还是慢都变得无关紧要了。①

(三)波兰尼的大转型

在经济史学家卡尔·波兰尼(Karl Polanyi)看来,人类社会大致分为三个阶段。

第一阶段是前资本主义时期,也就是19世纪以前,在这个时期,经济还不能跟社会、政治、伦理截然分离,而是嵌入在各种社会、政治和伦理的关系之中,形成一种基于互惠互利原则的"伦理经济"。之所以如此,是因为当时的生产力极度匮乏,人类只有以部落、宗族、村庄的形式才能共同抵御外界的威胁,依靠伦理规范形成集体内部的再分配机制,让每个人都尽可能地存活下来。因此,经济关系固然重要,但并不能脱离伦理关系和社会关系。

第二阶段大约从19世纪上半叶开始,这是古典资本主义时期或者原始资本主义时期。工业革命激活了科技元素和社会生产力,在这个时期,大批知识精英,特别是古典经济学家开始鼓吹经济与社会的脱钩,宣扬经济人的本质就是追逐自身利益的最大化,不必顾及社会关系和伦理规范,由此产生了马克思看到的"血汗工厂""劳资冲突"以及凯恩斯所谓的"动物精神",人们在经济利益的驱使下,把人抽象为可交易的商品,把人的行为描述成"唯利是图",从而忽视了人的社会和文化属性。

第三个阶段是到了19世纪60—80年代,资本主义社会开始系统反思经济和社会脱钩引发的种种弊端,开始进入重新挂钩的转型阶段。这标志着现代资本主义时期的到来,同时也表明资本主义社会并没有像卡尔·马克思在《资本论》中所言及的那样,出现劳资冲突并最终走向社会主义社会,而是形成了一种资本主义自我修复和自我完善的机制,马克思·韦伯在《新教伦理与资本主义精神》中把这种自我修复机制的产生归因于新教伦理对资本主义社会价值观念的改造,对后世产生了巨大影响。②

---

① [美]约瑟夫.熊彼特.资本主义、社会主义与民主[M].北京:商务印书馆,1999.
② [美]卡尔·波兰尼.巨变:当代政治与经济的起源[M].北京:社会科学文献出版社,2013.

卡尔·波兰尼的关于人类社会发展与转型阶段的论述，对于正处于创新转型过程的中国而言，同样具有深刻的启示意义。首先，经济与社会之间的挂钩、脱钩和重新挂钩的关系演变实际上取决于生产力的发展水平，因此，同样适用于分析社会主义社会中的经济与社会的关系变化。其次，转型不只是经济转型，还包括社会转型、文化传承、教育公平、生态保护、司法改革、治理体制等，本质是经济与社会的重新挂钩。

（四）创新驱动的内涵辨析

将"创新"定义为经济发展的驱动力量，是中国特色社会主义理论的创新，既是对斯密式创新与熊彼特式创新的综合，也是对波兰尼大转型理论的发展。目前，学术界对"创新驱动"内在发展规律的发现，主要基于以下三种不同的学理性思辨。

第一种思辨立足技术层次上，对创新的驱动作用进行解释。这是一种狭义的创新思想，其重点在于为创新提供硬件支持，认为只有高校、科研机构和企业的研发技术部门才有可能在新知识引导下进行科技创新。以施穆克勒、罗森伯格以及弗里曼为代表的科技创新经济学家，提出了科技创新的五种模式：技术推动模式（Walsh；Friedman）、需求拉动模式（Schmukler）、"推—拉"综合作用模式（MoeKeale and Rosenberg）、技术规范—技术轨道范式模式（Dorsey）以及社会需求—资源关系模式（斋藤优）。杰里米·里夫金在其著作《第三次产业革命》中，描绘了一场新的工业革命所带来的技术创新，这场新的工业革命是以"智能制造""绿色能源"和"数字化"为核心的。然后，从科技投入和产出角度，以及从知识创造和技术运用角度，揭示科技的创新，知识的创造和扩散，科技人力资源和知识技能、专利、知识保护和商业化的演变规律。

第二种思辨立足创造力的层次上，把创造力的驱动力解读为文化创造力的驱动力。这就是在发达国家与成熟的市场经济国家与城市中，对于创新的内涵所做的解释，其重点在于其软硬件的支撑与建设。发达国家的城市发展目前处在一个具有较高生产效率的科技前沿面，它们也都属于服务经济主导的业态结构。在漫长的发展历程中，它们已经建立起了一套可以用来刺激创新的社会机制和体制。现在，它们所面对的问题就是，怎样才能让创新的激励得到更好的提升，发掘出更多的创新主体的潜力，用创新来保持全球领先的地位。例如，泰勒（Talor）提出，企业要以产权清晰、市场机制健全、社会化服务体系完善为支撑，才能实现企业的技术创新。[①]达尔曼与奥贝尔（Dahlman and Aubert）认为，科技创新体系的建立、科技创新主体的发挥、科技创新产品的价值，都离不开庞大的资金，而稳定的、有组织的资金支撑，才能保证科技创新系统的良好运行。[②]霍尔（Hall）指出，欧美等发达国家能够取得技术创新的领先优势，与他们的财政政策和技术创新政策有很大的关系。从这个角度来看，创新被诠释为包含科技（Technology）、人才（Talent）与包容（Tolerance）三方面内容，凸显活力、个性与平等的价值观。[③]

第三种思辨立足发展方式层次上，把创新驱动理解为一个较高层次的发展阶段。这是一种广义的"创新"，与发展经济学关于"创新"的基本特征相一致。在熊彼特关于技术革新与经济增长之间的内在联系的发现之后，罗斯托（Rostor）提出了一种经济增长阶段理论，他认为按照主导行业的变化特点，可以将其分为"传统行业阶段""准备起飞阶段""起飞阶段""成熟期""高消费阶段"和"追求高品质生活阶段"，在这六个阶段中，创新驱动与主导行业向服务行业转变的过程相适应，而金融行业则是经济增长的推动力。[④]迈克尔·波特（Porter）的国家竞争理论从要素层次上划分出了一个国家在不同发展阶段所依赖的主要动力，从资源驱动、要素驱动向创新驱动、财富驱动转变，在这一阶段，经济增长依赖于创新和知识要素的积累，同时也有着强大的体制和激励来支撑创新。[⑤]经济增长理论的嬗变同样受到"创新"思想的影响：从以研发（Romer）和人力资本积累（Lucas）为主要形式的创新，逐渐演化成为研发和知识积累（Ahgion and Howitt）内生的增长模型，从以研发、知识为基础的增长理论（R&D—based And Knowledge—based Growth Theory）发展为以创新、思想为基础的增长理论（Innovation—based and Idea—based Growth Theory）。在对发展中国家发展模式的

---

① （美）弗雷德里克·泰勒；马风才译.华章经典管理 科学管理原理 修订版[M].北京：机械工业出版社,2021.
② 卡尔·J.达尔曼（Carl J.Dahlman），让－艾立克·奥波特（Jean-Eric Aubert）著 熊义志等译.中国与知识经济：把握21世纪[M].北京：北京大学出版社,2001.
③ （英）霍尔.城市和区域规划[M]北京：中国建筑工业出版社，1985.
④ （美）W.W.罗斯托著；郭熙保，王松茂译.经济增长的阶段 非共产党宣言[M].北京：中国社会科学出版社,2012.
⑤ 麦克尔·波特.国家竞争理论（中文版）[M].北京：华夏出版社，2002.

总结方面，世界经济论坛（WEF）发布的全球竞争力指数（Global International Investment Index)，量化地描述了要素驱动、效率驱动和创新驱动的三个发展阶段，并将其与价格竞争、高效的生产方式、支持创新的制度和激励机制相联系。最新的一些研究聚焦对全要素生产率的测度，提出创新驱动同资本驱动的差别在于，资本驱动承认全要素生产率增长和资本增加对促进经济长期增长而言同等重要，但创新驱动则弱化资本深化的作用，强调只有生产率的增加才具有根本性的增长效应（Kehoe and Meza）。

（五）简要评述

首先，从技术创新层面来观察，要想实现创新驱动发展战略，就必须要提升原始创新、集成创新和引进消化吸收再创新的能力，要对协同创新进行更多的关注；需要对知识创新体系进行健全，对基础研究、前沿技术研究、社会公益技术研究进行强化，对科学研究水平和成果转化能力进行提升，从而抢占科技发展战略的制高点。为了解决关键技术问题，亟需开展国家重大科技专项。

其次，从体制机制创新层面来看，实施创新驱动发展战略，应该进一步深化科技体制的改革，推动科技和经济的紧密结合，加速建立国家创新体系的进程，努力构建一个以企业为主体、市场为导向、产学研结合的技术创新体系；应当加速新技术、新产品、新工艺的研发与应用，强化技术集成与商业模式创新；要健全科技创新的评价标准、激励机制和转化机制；实施"知识产权"战略，强化知识产权保护。

再次，从发展阶段更替层面来看，实施创新驱动发展战略，旨在推动创新资源的有效分配和综合集成，把全社会的智慧和力量都集中到创新发展上来，由此提高经济发展的质量与效益，加快转变经济发展方式。

因此，实施创新驱动发展战略，增强创新驱动新动力，既是在技术层面对自主创新能力的呼唤，也是在体制层面对破除阻碍创新藩篱的宣言，更是在发展模式层面谋求经济转型的长期战略，需要新的理论框架与实施路径加以支撑、整合与推进。

三、创新驱动高质量发展的理论架构

创新驱动高质量发展的理论架构是指构建一个覆盖微观、中观和宏观层面对创新内涵诠释的理论框架，反映全要素生产率持续提升的变化状态，以及从要素驱动到创新驱动的循序渐进过程。这一理论框架由纵向与横向两个维度组成，纵向维度采用三组阶段，即"要素驱动—效率驱动—创新驱动"阶段，反映增长动力的类型由数量型向质量型转化而引发的发展模式的更迭；横向维度分为"知识—技术—模式—空间"四大体系，将创新驱动由点及面地表现出来。

（一）"要素驱动—效率驱动—创新驱动"的内在逻辑（纵向维度）

从要素驱动向创新驱动的转变，不可能一蹴而就，它需要经过一个从粗放型向集约型进行逐步递增的转变，在生产函数没有发生变化的前提下，要经过一个要素投入产出比重大幅提高的阶段，而这一阶段的突出特征就是效率驱动。效率驱动与要素驱动或投资驱动有着本质的区别，它为创新驱动提供了坚实的结构基础与物质准备，是创新驱动不可逾越的前导阶段。

首先，效率驱动是创新驱动的前导阶段，意味着效率驱动的"承前"功能在于"破中有立"，即对要素驱动尤其是投资驱动的突破。在"要素驱动"和"投资驱动"阶段，经济增长的基本前提是要素数量投入的增加，保持高速的增长速度需要大量自然要素的投入，尤其是对石油、天然气、矿产、农产品等自然资源产生依赖，以及对廉价劳动力、对廉价资金的依赖和对廉价土地产生依赖。但是，一旦资源禀赋耗尽，资源诅咒凸显，人口红利消失，投资效率递减，土地利用密度过低，传统的经济发展方式就难以维持。这些曾经促使经济腾飞因素的作用或将走向各自的反面，成为阻碍经济增长的制约因素。"穷则思、思则变、变则通"，以提高生产要素的质量为前提，实现效率驱动这一方法便产生。在效率驱动时期，受生产要素总量约束，经济发展更加注重生产要素质量的提高，并伴随着效率的转变，生产要素质量的提高成为新的经济增长动力。比如，建设"资源节约型与环境友好型"的两型社会，通过教育、干中学机制以及更加优质和均等化的社会保障等措施提升人力资本，营造公平竞争的市场环境和通过促进资本流动以提升资金的配置效率，用信息化带动工业化走"两化融合"的道路等，这些都是效率驱动的具体表现。与前一个发展阶段相比，各类要素的物质形态在效率驱动阶段可能并未发生实质性的改变，但它们自身所蕴含的能量与能力、同其他生产要素之间的结合方式、所处的地位以及能够发挥的作用、影响与控制范围等，由于受到更深层次的制度设计与政策选择的支配,都发生了相应的变化。

其次,效率驱动是创新驱动的前导阶段,也意味着效率驱动是一种"启后"效应,各种创造性、创新性的要素在促进经济增长中发挥着重要的作用。应该注意到,效率驱动的动力源,比如提高劳动力能力、资本和土地能级,部分是基于技术前沿层面所产生的科学与技术创新活动,具体有:原始创新、集成创新、引进消化吸收创新、协同创新等,这就是以创新为动力的科学技术的特点;同时,效率的提高也会促使大多数还停留在技术可行域内的企业向技术前沿靠拢,进而通过提高投入要素的质量和数量,实现经济由"无效率"向"有效率"的转变,进而提高企业创新和研发的成功率,提高企业创新和研发的成功率,这就需要提高企业的效率。同时,效率驱动之于经济发展的核心意义还体现在对科技人才的激励,尤其是对具有特殊贡献的企业人才的激励,因为自主创新能力的培育,归根结底还是要通过具有创新意愿与智能智慧的科技人才来完成。由是观之,效率驱动不仅关注作为劳动力普遍意义层面的人力资本积累,还特别注重作为创新主体的科技人才的人力资本积累,通过体制机制变革、改变薪酬模式、户籍制度改革,以及推进公共服务均等化等多位一体的政策举措,实现对创新创意人才与团队的激励,为经济效率进一步向创新驱动转型积攒智力资源优势。[①]

因此,效率变革在从要素驱动到创新驱动的转变中具有"承前启后"的衔接和转换功能,其本质就是经济增长方式的转变。效率驱动不仅可以帮助在要素驱动的后期,阻止要素边际报酬递减的趋势,还可以为创新驱动集聚具有较高效能的投入要素;当生产函数恒定时,效率提升效果显著。因此,在此意义上,提高生产力的经济转型必然是时间上的延续、空间上的延续,也就是"要素(投资)驱动—效率驱动—创新驱动"的完整的、动态的、渐进的发展过程。

(二)四大创新体系为高质量发展提供创新动力(横向维度)

从转型的横向维度看,创新具有链式作用。它将知识创新作为出发点,在正确的路径选择下,推动产业领域中的技术创新和产业组织创新,从而实现商业模式创新、社会管理方式创新或组织创新,进而对生活方式与文化理念的创新产生影响。这一传播机制显示,创新不仅局限于科学和技术领域,也是一次变革,从

---

① 李凌."效率驱动"是"创新驱动"的前奏[N].社会科学报.2013-10-24,(2).

硬件环境发展到软件环境，越是在一个信息开放、法治健全的社会体系中，它引导社会进步的作用与效果就越显著。因此，可以根据创新波及的先后次序把创新活动的领域分成知识创新体系、技术创新体系、模式创新体系和空间创新体系四个部分。

其一，知识创新体系是其余各类创新的源泉与基础。这里强调两类知识创新，一类是来自教学与科学研究的知识创新，包括基础性研究与应用性研究过程中发现的新规律、新学说和新方法。另一类是来自人力资本对知识存量与流量的控制能力，"干中学"在提升人力资本积累方面，起着关键性作用。

其二，技术创新体系是知识创新体系在生产与服务领域的应用与延续，同时也是知识转化为生产力的主要来源。新技术的实施主体是企业，当前，以智能制造、绿色能源、数字服务与生物医药为代表的技术创新，依托大数据、云计算、平台经济与移动互联网等虚拟载体，广泛而深刻地改变着经济运行环境，特别是经济发展的产业结构与需求结构，从而驱动创新、助推转型。

其三，模式创新体系关注新技术、新产品能否更好地与市场结合的问题。在当今中国，模式创新应当包含两方面的内涵：一是商业模式创新，即关注企业在其所处的价值网络中，通过组织变革、业态创新或价值链整合，实现商业价值增值与资源的优化配置。二是行政体制创新，减少政府对市场的干预，从过度审批的体制消耗中解脱出来，简政放权；同时在市场准入、税收、人才等政策扶持方面，为新业态、新组织、新市场的成长提供更多的公平发展空间。

其四，空间创新体系将创新的主体或载体延展到街区、城市甚至是城市群，考察知识、信息、技术和组织在区域间产生、集聚、扩散、更新与转化的一般规律，从而形成区域内特色明显、分工明确、资源关联、功能多样的城市（群）创新体系，加速城镇化进程，这是在不久的将来，我国经济腾飞的又一重要的创新引擎。

由此得出创新驱动高质量发展的理论框架（图4-1-1），在要素驱动阶段，个体拥有劳动的基本知识与技能，企业实现基础产量以维持盈亏平衡，市场交易处于传统形态，城市由资源集聚自发形成；到了效率驱动阶段，个体在"干中学"中不断积累人力资本，企业通过减员增效和优化配置提高收益，信息化介入改造传统业态，城市功能从集聚走向集聚与扩散并存；在创新驱动阶段，个体善于运用和发现新知识，企业不断开发出市场所需要的新产品，新业态的出现使得交易效率大幅提升，城市在城市群中的定位与分工决定空间创新的方向。

创新主体	个体	企业	市场/业态	街区/城市
	知识创新体系	技术创新体系	模式创新体系	空间创新体系
要素驱动	知识存量	实现产量	传统市场	资源集聚
效率驱动	干中学	减员增效	信息化介入	集聚与扩散
创新驱动	知识增量	新产品	新业态	新功能

图 4-1-1　创新驱动高质量发展的理论框架

在具体应用这一理论框架时，需要指出两点：第一，知识创新体系、技术创新体系到模式创新体系、空间创新体系的变化，在理论上可以是线性的、单向的，但在实际经济运行中，也可以是非线性的、多向的，而且创新的分叉、跳跃、不规则变化往往是常态。技术创新、模式创新和空间创新都可能激发新的知识发现和新一轮创新要素的扩散，把创新体系划分为由创新要素流动形成的四个部分，是理论研究抽象的需要。第二，制度创新与四大创新体系的关系是，制度创新贯穿于四大创新体系内部以及体系的转换过程之中，制度创新有助于提升四大创新体系的运行效率。

第二节　创新驱动高质量发展过程中遇到的问题

近年来我国创新驱动虽然已经有了长足的进步，但是与适应新常态的迫切需要相比，还有很大的差距。

一、论文、专利数量大幅增长，但重大成果少

虽然最近几年，我国研发投入、知识产权产出、科技人力资源储备等创新指标取得了明显成效。然而，总的来说，我们国家的创新力量在很大程度上是以数量和规模的优势为主的，但是，从创新竞争力来看，我们仍然无法与科技经济强国的地位相匹配，科技基础仍然比较薄弱，关键领域、新技术被别人卡脖子的情况没有发生根本性的变化。

先进高端材料研发和生产水平远落后于主要发达国家，在重要的高端原料上自主研发供给还远远不能满足要求。专利药品的大部分市场都被外资企业所把持，高端医疗设备基本都是靠进口的。

总体来看，适应、引领经济发展新常态的科技储备仍然不足，产业总体处于全球价值链中低端，军事、安全领域的技术水平与发达国家相比差距较大。

二、企业产品和服务的创新不能及时满足新需求

企业是创新的发动机，也是适应和引领经济发展新常态的核心力量。然而，伴随我国工业化、城镇化进程加快，居民收入和消费水平持续提高，企业产品和服务的创新速度滞后于市场需求的问题日益凸显。主要原因是我国企业创新能力不强，绝大多数企业没有实力、精力和动力从事开创性的技术开发、商业模式创新活动。

而且，目前国内企业的创新主要集中在"追赶型"创新、商业模式创新等方面，具有原创性的、首创性的创新产品或服务并不多。例如，腾讯、阿里巴巴、百度、京东、华大基因、比亚迪等企业的创新虽已处于国内行业领先水平，但是与思科、苹果、谷歌、亚马逊、基因泰克、特斯拉等企业相比，在核心技术、知识产权、品牌影响力等方面还存在相当差距。

三、科技与经济结合不紧密的问题解决不彻底

要实现以创新为动力的转型发展，必须把科技成果产业化。但是，就目前我国的国情而言，与发达国家相比，我国的科技成果转化效率明显偏低。这主要是因为，高校大部分的研究工作都不是以市场为导向的，但是在承担着国家重大科

技计划的众多高校和科研机构中，存在着无法将科技成果转化为产业的问题，再加上当前以论文、专利等为导向的考核机制，以及目标分散、行政与科研合一的监管机制，使得高等院校和科研院所在技术转移和科技成果产业化方面也存在不足。

另外，还存在着不健全的技术市场、不合理的专利体系、较低的利润空间等问题，这些都是影响科技与经济融合的主要因素。

《科技成果转化法》实施以来，上述情况得到一定缓解。但据调查，多数地方、机构落实《科技成果转化法》时只从两点上做文章：一是允许科研人员停薪留职办公司，二是不断提高职务发明人科技成果转化收益的个人提成比例。这些做法都远没有触及科技成果转化的痛点和堵点。

四、缺少人才等支撑，创新难度加大

长久以来的应试教育体制对创造性思维的培养是不利的。目前，我国高校的课程设置存在着"专业壁垒""学科交叉性"和"人才培养模式"等问题。能源、资源、土地、劳动力等生产要素的定价机制没有对创新形成倒逼作用。对国企和地方政府的创新激励机制还不够完善。政府对科技创新的支持更多地集中在高校和科研院所，对科技创新的支持更多偏向于科技前沿。与此同时，现行的创新管理部门分散，缺乏统一的协调，导致创新政策难以形成合力。

商事环境、投融资制度仍不利于中小微科技型企业发展，部分行业监管制度制约跨界型的新技术、新模式、新产业发展，风险投资、融资担保、小额贷款等金融机构数量众多，但是规模较小，难以有效支持创新。

五、创新驱动发展不平衡持续时间长久

在当今时代，科技创新已经成为一个国家、一个民族、一个地区发展的主要动力。推进科技创新，建设科技强国，这是全党对人民和历史作出的郑重承诺。中国共产党一百多年来的奋斗历程，使我们认识到："人才"是一切事业发展的基础，是一切事业发展的动力源泉。习近平曾说过："要坚持党管人才原则，聚天下

英才而用之，加快建设人才强国。"[1] 当前这个时期，要推动我国科技创新从跟跑向并跑、领跑转变，必须进一步加强科技人才培养与科技创新发展协同，着力提高青年科研人员比重和人才队伍的质量水平，以更大力度培养造就一大批具有国际水平的战略科技人才、科技领军人才、青年人才和高水平创新团队。

总体来看，我国的科技基础设施和载体相对集中在少数经济发达地区和老工业基地，创新要素向科技基础较好和载体较多的高收入地区积聚。大部分地区实现创新驱动发展面临创新要素不足的问题，特别是人才不足和科技能力不足。如，在北京、上海、深圳、宁波和温州五个城市中，北京、上海的国家级科研机构和部属大学就超过全国的50%。[2] 而宁波和温州因为大学和科研机构等科研载体少，层次比较低，难以吸引和留住人才，一些高端人才或高端制造环节流向上海和杭州等科技实力较强的地区。科技基础设施分布不均衡，导致创新要素相对集中在少数地区。因此，地区创新体系建设和创新驱动战略形成差别和特色。

六、缺少核心资源，制约沿海地区转型升级

一是土地短缺，"腾笼换鸟"成为先发地区实施转型发展的重要举措。先发地区建设用地面积年均净增数，难以满足当地规模发展的需要，"腾笼换鸟"的实施也面临不少困难。一方面，企业拆迁成本较高；另一方面，加工制造企业外迁在短期内会影响本地GDP和地方财政收入的增长。而有些"笼子"腾出来了，未必能引进好企业和好项目。

二是劳动力和人才短缺。不仅缺乏高端科技人才，还存在较严重的"用工荒"，传统产业企业的一线工人月流失率非常高。

三是环境容量紧张。目前节能减排指标的分配主要以基数为依据，对产业结构、环境容量的发展阶段考虑不够，有些地区难以实现。那些以轻工业为主的城市，原来的能源消耗低，节能减排的余地小，地方经济发展的空间被占用，还有以石油化工为主的基地部分城市中一些企业已达到或接近国际标准，节能减排的空间较少。

---

[1] 如何聚天下英才而用之[J].人民论坛，2018，No.581（01）：60.
[2] 梁冰冰，褚嘉琪，游玉菲.全国科研基金布局现状与时空分析研究[J].科技创新与生产力，2023（03）：34-39+43.

七、地方层面受到一些体制机制和政策限制

2023年2月13日《中共中央国务院关于做好2023年全面推进乡村振兴重点工作的意见》(以下简称《意见》)正式公布，这是21世纪以来的第20次将重点放在"三农"问题上的中央一号文件，再一次表明了党中央对"三农"问题的高度重视，进一步推动"三农"问题的发展，为新时代做好"三农"问题提供有力的保证，为今后的发展指明了方向，为今后的发展提供了根本途径，同时带来了巨大的动力。《意见》指出，要强化政策保障和体制机制创新为全面推进乡村振兴提供稳固的政策保障、体制机制保障和创新保障。强化政策保障和体制机制创新：一要健全乡村振兴多元投入机制，二要加强乡村人才队伍建设，三要推进县域城乡融合发展。[①]

制约我国城乡融合发展的一个问题是区域间城乡发展不平衡，由于受到政策和体制机制等方面的制约，农村地区发展仍相对滞后。一些地方探索建立区域性的私募股票交易市场，但要规范地规模化发展还面临政府监管机构的审批问题；跨区域的知识产权保护执法，往往遇到地区保护的阻碍。又如，尽管中关村试点中取消了对国有科研院所和大学单项技术转移800万元人民币的上限限制，但由于担心将来国有资产保值增值的审计，没人愿意承担责任。还有，我国金融监管采取分业监管和垂直监管方式，地方金融创新的空间小，难以突破，温州的金融改革试点成效不明显，等等。

八、体制机制上的改革和实施措施不到位

各地创新政策以项目引导、财政补贴、奖励等为主，推动措施以考核、评比为主，体制机制上的改革较少，措施不到位。如，大部分地区转型发展的政策文件都强调，要高度重视大项目、大企业、高端产业的引进，力求在短期内通过产业置换实现转型发展目标；大部分地区的发展指标中都有财政科技支出占财政支出的比例，鼓励企业创新大都是支持各类企业技术中心、工程中心等。在一些全国性的政策方面，地方难有作为。如建立公平竞争的市场环境、创新产品的需求政策，政府采购制度等，尤其是创新产品首购政策实际执行不了。

[①] 赵民学，陈志安.强化政策保障和体制机制创新 全面推进乡村振兴[J].农村·农业·农民（A版），2023，No.599（03）：5-6+11.

九、创新资源配置上的分工和定位不清

一方面，目前大部分国家科技计划项目要求地方配套，甚至一些偏科学研究类的项目也要求地方配套，导致地方政府投入方向与中央政府趋同化。同时，各政府部门的资源配置低水平重复，如发改委系统建设企业工程技术中心、科技部系统建设企业工程技术研发中心、经信委系统建设企业技术中心，其功能相近，有的企业同时挂几个牌疲于检查、考核。另一方面，有些地方的科技资源和载体大多隶属于中央各部门，与地方经济结合不紧密，地方政府难以协调整合，需要探索中央科研机构和部属大学与地方经济结合、为地方发展服务的机制。

十、区域功能定位类似，政策竞争加大

目前，各地进行各种优惠政策和示范区试点竞争。如，在五个典型城市中，有三个提出了建立金融中心的目标。上海是经国务院批准的自由贸易区，据悉全国还有不少地区也在争取建立自由贸易区。又如，现在不少地区提出要建设区域场外股权交易市场，有的地区利用限售股减持所得税的优惠政策，吸引减持交易。

十一、资本市场发展与创新各环节不对等

目前，我国企业创新资金主要来源于银行贷款，这使得融资不便，而且成本很高，尤其是缺少抵押物的中小企业难以获得贷款，不得不通过民间借贷方式融资。银行业管制严格，地方金融创新空间极有限；而股权投资机构由于退出渠道不畅、税负重等原因，发展慢而且不愿意投向处于发展前期的企业；企业上市融资的受益面太窄。

第三节 创新关键在于原始性突破

一、制定原始性创新政策与建议

在前三个五年计划中，我国的原始创新政策在制定上具有更强的针对性和具体性，在内容和质量上都有了较大的提升。但在政策制定规范、执行保障机制和行业应用途径上仍需完善。

（一）政策制定规范

《国家创新驱动发展战略纲要》在 2016 年发布，明确了"三个阶段"建设成为全球科技创新强国的目标，到 2020 年，我国已逐步建立起较为完备的创新体系。原始性创新是我国科技创新的重要组成部分，虽然近年来受到各级政府和企业的高度重视，然而，因为它的前期投入大、持续时间长、风险高等特性，到目前为止，还没有形成一套针对性强、系统完善、有机协同的政策体系，原始创新政策的顶层设计还不完善。在我国目前的经济政策中，以知识产权保护、科技成果转化为主要内容的经济政策还不多见，亟待加强与改进。在这个阶段，政府应该加速建立和完善对企业进行原始性创新的激励和动力，建立起一种新的、更好的、更高效率的科技成果的转化方式，为国家和地区之间的创新合作提供一个互动的平台，推动资源的整合和协同创新。并在此基础上，制定出一套有中国特色的原始创新的政策框架和规范标准，为基础研究、技术研究、产品开发、产业发展和社会应用创造一个良好的环境。

（二）政策实施保障

1. 加强部门协作，建立联动机制

因为原始创新活动的复杂性质，所以政策发布的渠道很多，而且大部分都是由一个部门单独进行的。所以，在政策发布的过程中，有必要加强政府部门之间的合作，加强国务院直属相关部门的横向联动和国务院、部门纵向协调，构建出一套行之有效的政策沟通和协调机制，降低政策冲突或政策缺失的发生，让政府部门从各自为政向联合协作模式转变。在此基础上，提高我国的原始性创新政策的透明度与稳定性，并以此为基础，构建公开透明的、合理的、长期稳定的、可持续的政府激励体系，以促进我国的科技进步。

2. 引导监管并举，促进政策落实

在政策实施的倾向性上，因为国内的一些企业更偏向于追求短期效益，他们缺少创新的动力和技术储备。因此，政府应该坚持以鼓励和引导为主要基调，加大对创新的激励力度，建立起鼓励创新、服务企业的技术创新服务体系，为新产品的研发和市场的进入提供更多的渠道，从而降低企业创新投入的成本和风险。

与此同时,国家应该构建出一套与之相适应的监督评估体系,强化在政策落地后的监管力度,最终让原始创新政策制定—实施—评价—反馈—改进的良性循环得以实现。明确重大科技计划、重点实验室、技术创新基地等国家原始创新重点项目的申报和考核流程,这样,就可以更好地发挥原始性创新政策对提高企业创新能力的促进作用。目前,我国的原始性创新政策缺少强制性措施,且政策力度不够,会造成政策执行中无法取得理想的成效。因此建议在政策文本中,在执行和执行规范部分,适当加入强制性条款,以促进原始性创新政策的落地。

3. 加大政策覆盖,扶持多元主体

目前,国家各个部委所公布的原始创新政策,大部分都是针对全体企业的,缺乏产业针对性。与此同时,政府对于原始创新的优惠和支持,也主要偏向于行业内领先的大型科技创新企业,而没有给予中小企业足够的重视。在我国制定和实施原始性创新战略的进程中,必须建立一个多主体、全方位的创新环境。具体来说,首先,政府应当将科研资金优先用于科技型企业,以及科研院所与企业的科技合作项目,并确定企业在国家科技创新系统中的核心地位,促进政府与企业之间的深度协作,解决关键的核心技术问题;其次,根据各产业的发展状况,与各产业主管部门合作,制定相应的扶持政策,以激发整个产业的创造力;最后,政府针对高新技术产业中的中小私营企业,推出资金计划、人才输送、财税补贴等一系列的激励措施,同时,积极将社会资本投向科技型中小企业,包括私人投资、社会团体、风险投资、国际投资等,使中小型企业成为科技创新的主要力量。

(三)产业应用路径

在政策层面上,进行统筹安排,加快产业化发展速度,推动多产业融合发展。围绕着相关产业发展的新趋势和新要求,从理论基础研究、关键共性技术、重要制造设备和应用示范等方面,展开产业全链条的设计,对国家重点研发计划、技术创新引导专项(基金)、基地和人才专项等科技计划展开统筹规划和整体部署,对行业急需突破的技术,提炼出具体的项目、任务,并对激励计划、管理办法等进行完善,并进行统一的组织实施。除此之外,我国的科技创新政策产业专项,基本上还停留在一个单一的行业上，在政府的层面上，要鼓励产业链的交叉延伸，发挥产业的优势和区域的特点，把相关的产业集群从地理位置到服务平台都有机地连接在一起，推动一二三产业的深度融合，促进其持续健康发展，用与新兴技术相结合的方式来激发传统产业的活力。

促进原始性创新的全产业链发展，市场需求是最主要的驱动力量，因此，应将"投入推动"向"需求拉动"转变，建立起一个上下结合、相互促进的科技成果转化机制。中央政府将重点放在对整个创新成果市场环境的改善上，以及对科技创新成果价值评价指标体系的构建上，地方政府部门要以地区企业的需要为基础，制定出更为详细的技术推广、产品生产、市场投放以及后续跟踪方案，推动基础研究与市场需求相结合，有效地引导企业把原创成果投入到市场中去，整体推动原始创新成果的产业化进程，为企业后续的研发创新提供新动能。除此之外，还要健全知识产权保护体系，加强对知识产权的保护和对知识产权的审查，构建一站式在线知识产权服务平台，优化原始创新环境和营商环境。

二、原始性创新的典例

（一）全球竞争下的 5G

通过原始创新换道超车、采用不同的技术路线来完成技术超越是我国引领技术发展的重要路径。5G 技术是该创新路线的典型代表。

1. 背景介绍

随着移动通信技术不断迭代升级，作为未来全球经济发展新动能的第五代移动通信技术（简称 5G 或 5G 技术）以其毫米级波长、超宽带、超高速度以及超低延时的特点登上世界历史舞台，作为最新一代蜂窝移动通信技术，5G 将实现随时随地万物互联，并为打造互联网新时代奠定技术基础，在不久的将来，在不同场景乃至在不同行业，5G 的应用都将催生新的产业革命，为实体经济注入全新活力。

2. 路径

5G 将带领人类进入高速信息时代，"万物互联"成为可能。未来很多场景需由 5G 技术支撑，例如 4K 电视、AR、车联网等。它与物联网、人工智能、大数据和云计算等新兴科技领域有着密切的联系，比如无人驾驶和车联网，从最初的依靠有线通信和 2G/3G/4G 网络来实现车载信息服务，现在，它正逐渐进入无人驾驶时代。按照中国、美国和日本的汽车发展计划，以高速率、低时延的 5G 为基础，到 2025 年，将实现无人驾驶汽车的大规模生产，其市场规模将达到一万亿美金。在医学领域，我国一位医师于 2019 年 1 月 19 日完成了世界上第一次使用 5G 网络进行的远距离手术。身处福建省的这名医生借助 5G 网络，顺利操控位于 48 公里外的机械臂实施手术。在手术过程中，由于延时提速至 0.1 秒，外科医生利用 5G 网络成功对一只实验动物的肝脏进行了切除。当前全球的 5G 格局呈现出由中美两国主导、其他国家踊跃参与的局面。2018 年 12 月 1 日，韩国三大电信供应商 SK 电讯、KT 和 LGU+ 同步在韩国部分地区推出 5G 服务，并同时发送首批 5G 信号，成功实现了新一代移动通信服务在全球的首次商用。2019 年 6 月 6 日，我国工信部正式向中国电信、中国移动、中国联通、中国广电发放 5G 商用牌照，由此我国正式进入 5G 商用元年。

我国移动通信行业走过三十余载的发展历程，经过一段时间的"1G 空白，2G 紧跟，3G 突破，4G 并驾齐驱"的发展历程，我国正在引领 5G 时代的到来。与美国相比，我国具有更多的用户和更多的行业政策，因此，我国移动行业将会在 5G 消费市场上获得更多的增长。《2018 年中国 5G 产业与应用发展白皮书》（简称《白皮书》）由赛迪咨询公司（Citizen Institute）公布，其指出中国 5G 技术的研究和开发已逐步走在世界前列。《白皮书》预计，到 2026 年，中国 5G 移动通信行业的整体市场规模将达 1.15 万亿元，较 4G 移动通信行业的整体市场规模增幅近 50%。

从全球范围来看，我国的 5G 发展有哪些优势？首先，从商用范围来说，虽然韩国是世界首个正式商用 5G 的国家，但我国的 5G 技术奋起直追，同样达到世界领先水平。其次，从设备供应链来看，我国的华为、中兴两家企业名列全球第一和第四，占据全球共计 40% 的市场，在建网方面有得天独厚的优势。再次，我国运营商进行 5G 网络建设是出于国家战略层面的要求，因而能做到覆盖范围最大化，同时由于这是完全市场化竞争，以成本和盈利回收为有限原则的其他国家无法与我国比拟。最后，从 5G 的产业链来看，涉及芯片、终端、基站到网络和应用等,如此长的战线极度考验企业的经营能力和水平,在此方面,华为是企业乃至行业中的佼佼者。2019年6月,工信部表示,将秉持开放、包容、合作、共赢的理念,与全球产业界携手推进5G发展,并将一如既往地欢迎国外企业积极参与我国5G网络建设和应用推广,继续深化合作。

5G是可以将所有东西都连接起来的技术,它将为未来的智慧生活打下坚实的基础。5G技术的发展恰逢世界各行业向数字化转型的重要阶段。随着工业化的发展,人类已经从过去的机械化和电气化,向自动化、数字化和智能化发展。5G能够提供更多的连接,更大的带宽和更低的延迟,这种新的特性使得其能够适用于多种复杂的工业应用环境。5G的优势,催生了大量应用,进而改变世界。

(二)嫦娥四号代表人类首登月背

1. 背景介绍

2019年1月3日10时26分,由中国航天科技集团有限公司牵头研制的嫦娥四号探测器平稳降落在月球南极——艾特肯盆地内的冯·卡门撞击坑,整个降落过程惊心动魄,同时,"鹊桥"卫星全球首次从月球上发回月背图像,为人们揭开了月背之谜。这是人类首次在月背进行软着陆,也是首次在月背进行中继通信,为人类的探月事业揭开了新的一页。

2. 路径

相比月球正面而言,月球的背面人类了解甚少,此前各国只能通过分析照片来一探其土壤成分以及地质结构,因此登陆月球背面有着极其重要的科研意义。此次"嫦娥登月"带回的月球背面土壤将帮助人类积累关于月球开发的经验。此外,由于月球正面易受来自地球的信号干扰,而月球背面却天然具备接收外太空信号的优势,如果在月球背面设立观测站,也有助于人类探索更多外星文明。

2019年5月16日,国际知名科学期刊Nature中的一篇论文指出,根据嫦娥四号登月的相关测量数据可以发现从本次登月的着陆点带回的物质极可能来自月球地幔。同日,我国中科院国家天文台宣布,经过对探测数据的分析处理,可以证明月球背面南极——艾特肯盆地存在以橄榄石和低钙辉石为主的深部物质,这项研究结果也在国外期刊Nature上在线发布。

可以说，我国顺利"嫦娥登月"令全世界人民欢欣雀跃。就在登月的前一天，荷兰奈梅亨大学实验室的一名主管马克·沃尔就曾兴奋地表示："首次登陆月球背面绝对是历史性时刻，幸运的是我们参与其中。"事实上，本次登月任务中，我国与沙特、德国、荷兰、瑞典共同开展了4项国际合作，同时搭载了3项由中山大学、哈尔滨工业大学和重庆大学等国内高校研发的科技试验项目。

探月工程总指挥、国家航天局局长张克俭曾指出：嫦娥四号任务的立项实施是党中央对发展航天事业、建设航天强国作出的重大决策，是落实习近平总书记"推动空间科学、空间技术、空间应用全面发展"指示精神的具体行动，是备受世界瞩目的中国航天重大工程，是航天领域开放合作的示范工程，是月球探测领域承上启下的标志性工程，具有重大政治意义和现实意义。

总的来说，科技创新是人类共同的事业，是塑造人类命运共同体的重要路径。面向全球关心的核心问题，不断创新，不但有利于提高我国的科技创新能力，也能够在人类命运共同体理念指引下，找到提升我国全球科技引领能力的战略支点。

第四节　创新驱动高质量发展的举措建议

未来一段时间，面向新形势、新条件下创新驱动发展战略任务部署的"三大拓展"方向，结合《关于深化体制机制改革加快实施创新驱动发展战略的若干意见》《国家创新驱动发展战略纲要》实施情况，进一步深化创新驱动发展的规律性认识，完善有利于创新战略落到实处的顶层设计，建立健全创新驱动发展的考评指标和实施机制。要综合考虑党的十八大以来中共中央、国务院实施的系列战略举措推进情况，瞄准重点领域和关键环节的"掐脖子"问题，组织实施一批重点产业创新发展行动计划、企业创新发展工程。全面考核创新改革试验区、创新试点城市工作情况，加快推进先行先试地区经验推广复制。创新产学研合作模式，布局建设若干新兴产业创新中心。强化技术、资金、人才等创新要素支撑，加快构筑有利于创新驱动发展的软硬环境。（图4-4-1）

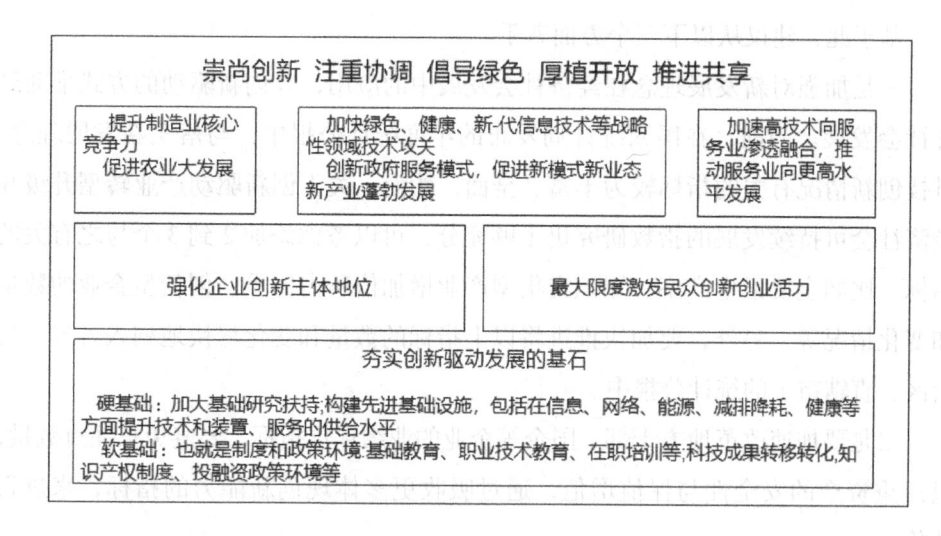

第四章 创新驱动与区域经济高质量发展研究

```
崇尚创新  注重协调  倡导绿色  厚植开放  推进共享

提升制造业核心        加快绿色、健康、新一代信息技术等战略      加速高技术向服
竞争力                性领域技术攻关                            务业渗透融合，推
促进农业大发展        创新政府服务模式，促进新模式新业态        动服务业向更高水
                      新产业蓬勃发展                            平发展

      强化企业创新主体地位                    最大限度激发民众创新创业活力

                          夯实创新驱动发展的基石
  硬基础：加大基础研究扶持，构建先进基础设施，包括在信息、网络、能源、减排降耗、健康等
  方面提升技术和装置、服务的供给水平
  软基础：也就是制度和政策环境：基础教育、职业技术教育、在职培训等；科技成果转移转化；知
  识产权制度；投融资政策环境
```

图 4-4-1 未来 5 年落实新发展理念、实施创新驱动发展战略框架

一、落实新发展理念、建立考评指标体系与评估实施机制

创新驱动发展是指经济增长通过包括技术进步、工人素质的提高、以及商业模式和管理在内的的创新，而不是依靠资本和劳动力等生产要素的投入。所以，在"创新驱动发展"的绩效评价指标体系下，要充分吸收国际上的经验教训，科学地对能够体现经济质量，以及技术先进性等指标予以评价。党的十八大以来，"不以 GDP 论英雄"的认识深入人心。一方面，国家统计局抓紧修订 GDP 核算和统计方法，将研究与开发支出以及娱乐、文学和艺术品原件支出等作为固定资本形成计入 GDP，切实反映研发、智力投入对 GDP 增长的贡献。另一方面，国家发展改革委、科技部、国家知识产权局等有关部门及中国社科院、国家发展改革委宏观经济研究院、北京大学、中国科协等研究团队先后发布了科技进步贡献率、全要素生产率、创新创业评价指标体系等，北京、上海、广东、江苏、浙江等地区在创新经济考核指标体系方面也开展了大量研究和实践。但总体来看，未形成一套纵向可获、横向可比、在国家及各地方得到公认的创新驱动发展考评指标体系，也没有公认度和影响力堪比 GDP 的可替代指标，因此地方干部考核、国有企业业绩考核中强调量忽略质、强调安全规章、避创新风险的情况仍然普遍存在。

基于此，建议从以下三个方面着手。

一是加强对新发展理念在经济社会发展中的应用，以创新驱动的方式推动经济社会发展。当前，在国家统计局发布的年度统计公报中，与落实新发展理念、科技创新情况有关的指标较为丰富、全面，然而，关于创新驱动产业转型升级和经济社会可持续发展的指数研究仍不够充分，可以考虑添加2到3个与之有关的指标，比如全要素生产率、知识密集型产业增加值所占比重、创新型企业的数量和变化情况等。另外，要加快推进将以上指标的数量和变化尽快地列入各省（自治区、直辖市）的统计公报中。

二是要加速改革地方干部、国企等企业的业绩评价指标，要避免只注重数量，只注重资产的安全性与保值增值，通过吸收更多体现创新能力的指标，来进行评价。

三是支持各种独立的第三方研究机构、民间智囊团、企业研究院等，对创新驱动发展产业和企业的创新进行全面的评价。充分吸收美国、欧盟、经合组织等权威组织的有关方法与经验，综合运用统计工具、大数据方法，对国家、地区、行业、企业落实新发展理念的情况进行多渠道多维度的反映，推动创新驱动发展的现状、动态、趋势等。

二、实施重点产业创新发展行动计划

党的十八大以来，国家、地方有关部门在实施创新驱动发展战略、促进传统产业振兴、加速发展战略性新兴产业等方面，出台了一系列的政策。但是，从整体上来说，创新类政策与产业政策的协同联动还不够充分，前者偏重于鼓励重大技术研发、科技成果转移转化、知识产权保护、教育改革创新、人才引进培养、鼓励大众创新创业等方面，后者偏重于描述产业发展的重点方向、路径选择、产业集聚区建设、财税金融扶持等。科研论文有关创新驱动产业发展，提高企业竞争能力的，更多地体现在了战略性新兴产业、高技术产业、知识密集型产业的相关规划、战略、实施方案以及对策措施建议方面，同时，在推动传统产业（如制造业、服务业和农业）的创新上，存在着较大的不足。从主要发达国家的实践来看，创新驱动发展的思路不仅仅体现在高精尖端技术研发和产业方面，更多体现在钢铁、装备、能源、服装、纺织、轻工以及文化、农业等传统产业发展方面。

因此美国的钢铁与装备、意大利的服装、日本的农林渔牧等传统产业领域，也可以在产品技术含量及附加值、企业竞争力、品牌享誉度等方面做到国际一流水平，支撑着国家综合创新实力稳居全球前列。

为此，要紧紧围绕《国家创新驱动发展战略纲要》中关于"主要产业进入全球价值链中高端"的战略目标，加快部署"推进工业技术系统创新"等有关工作，加快一批重点工业创新发展行动方案的编制和实施。选取生物医药、新能源、信息技术、汽车、钢铁、石化、轻工、纺织、文化、旅游、农牧等几个行业，对创新驱动发展专项规划进行选择，对创新驱动发展转型的路线图和时间表进行明确，要从制度和关键核心技术两个方面着手解决制约我国工业创新发展的问题，并提出具体的政策保证措施。同时，也要切实推动国有、民营和外资经济向创新驱动的方向发展。通过体制机制的改革，对各类所有制主体的创新活力进行全方位地激发，创造出一个公平竞争的市场环境，将规模优势、市场优势和资源优势转化为创新优势。要充分发挥创新驱动发展先行先试地区的作用，如高新技术产业园区、国家自主创新示范区、全面创新改革试验区，加快技术、资金、人才在区域之间的流动速度。

三、推动企业创新能力

尽管理论界已经广泛认同企业最具备创新主体的条件和特征，发达国家的实践也反复印证了这一论断。但是，我国对于创新主体的认识和实践却经历了长期曲折的过程。计划经济时期，技术研发创新活动统一由政府有关部门调控完成，具体模式就是国家立项，然后下发到科研机构、高校、企业独立或合作完成，再由国家组织评估验收。伴随市场经济体制改革逐步推进，企业生产经营活动不再由政府直接干预，成为自主经营、自负盈亏的社会经济活动主体，才初步具备了成为创新主体的条件。从企业研发经费支出占全社会研发经费总支出的比重这一指标来看，美国、日本、德国于20世纪80年代初、英国于90年代初、法国于90年代中期分别进入到以企业为主导的技术创新结构。而我国于2000年前后，企业研发经费支出的占比才达到60%的水平。同期，规模以上工业企业的研发投入强度等指标显著低于发达国家水平，且这一情况延续至今。这说明我国进入21世纪以来，尽管以企业为主体的创新体系框架已经初步形成，企业也逐渐积蓄了越来越雄厚的技术储备和规模、市场、人才供应等优势条件。但是,企业的创新能力还存在明显不足,不能充分发挥其作为创新主体的支撑和引导作用。

今后应从以下三个方面努力提高企业的创新能力,强化企业的创新主体地位。

一是运用财政这一政策工具,不断优化企业创新所处的体制环境。与当前结构性减税的税制改革方向相结合,进一步加大研发费用加计扣除、研发仪器加速折旧等税收政策的执行力度,逐步加大抵扣力度,探索对中小创新型企业研发投入的直接税收补贴,最后将研发税收补贴金额保持在企业全部研发投入的20%水平。

二是通过创新的方式,吸收企业参加国家层次上的战略和关键技术研究。构建以需求为导向,由企业牵头,高校和科研机构以提供研发服务方式参与的关键领域产业技术攻关体系。促进企业参与国家科技计划和应用导向科技重大专项决策。加强对国家支持的科研开发项目的全项目资金的合理性审核,适当放开承担单位的预算调整权限,增加对无形资产和人力资本投资的预算额度。继续增加支持企业创新的中央财政投入。

三是实施"百强创新型企业"计划。要突出重点,采取扶持企业创新能力、引进人才、加强产学研结合等措施,加速培育一批具有国际影响力,拥有自主知识产权和知名品牌的创新型领军企业。力争用5—10年的时间,让骨干企业真正地拥有生产一代、研发一代、储备几代的技术创新能力,并在某些领域中形成颠覆性的技术能力;培育一批具有全球竞争优势的创新型企业,培育一批具有自主创新能力的中小企业。

四、推动大众创业、万众创新

推动大众创业、万众创新,是保证创新驱动发展战略落实的一个重要举措。中华文明是流动着创新的血液的,在五千多年的历史发展过程中,中国人民的科学技术成就是世界瞩目的。现今,我国已成为拥有14亿多人口、9亿多劳动力、1.7亿多受过高等教育或具有各种专业技能的人力资源供给大国,如何化人力资源的规模优势为创新人才优势,全面激发根植于广大人民群众血液中的创新活力,是一项重大而紧迫的课题。党的十八大以来,中共中央、国务院顺应时代潮流,将创新创业放在经济社会发展更加突出的位置,着力推进大众创业、万众创新,围绕简政放权、商事制度改革、财税金融扶持、公平市场维护、"双创"平台建设、创新创业文化营造等方面出台了一系列支持性政策,取得了卓越成效。但也要看到,无论是创新还是创业,都不是一蹴而就的过程,都需要付出大量心血,承受高概率的失败。近期,关于刚刚走出"象牙塔"的大学生是否适合创业?新增的大量商事主体是否处于"休眠"状态、死亡率又有多高?科研人员下海创业是否还应该保留职位等问题,社会上也有一些质疑和争论。

新的形势和条件下,推动大众创业、万众创新持续健康发展,要从以下四个方面做足功夫。

一是要在"双创"中找准"主攻部队"。针对新波创业浪潮呈现出的技术融合、主体多元化等新特点,适时把握"新四军"(科研人员、海归人才、大学生、回乡农民等)和大中型企业、中小微企业在创新创业中所面临的困难与限制,把握重点,分类施策。

二是明确今后"双创"工作"主攻方向"。对新一轮科技革命与产业变革的发展趋势进行精确的把握,明确在未来的中短期内,最有可能实现商业化,并为产业格局带来颠覆式变革的突破和关键,将一切力量聚焦于可以产生商机的领域。

三是抓好一系列重要工作和部署的实施。继续对前期的一系列工作部署和政策措施进行完善和落实,深入推进商事制度、市场准入制度的改革,拓宽创业投资的退出渠道,健全政策扶持体系,支持创业平台的建设。

四是全方位地为创新和创业创造良好的激励条件。我们要加大"万众创新"的宣传力度,在全社会范围内推动创新创业。通过奖励和举办创业比赛,激发人们的创业和创新精神。支持创建"双创"示范点,指导地方营造特色鲜明的创业创新生态系统。

五、重视技术攻关,构建硬环境

新常态背景下,落实新发展理念,推动实施创新驱动发展战略,迫切需要形成与我国经济人口大国地位相称的科技实力和国际一流的基础设施配套支撑。改革开放以来,尽管我国整体科技实力大幅提升,在若干重要领域取得系列重大技术突破,但总体来看,仍然处于爬坡过坎的发展阶段,与国际前列的科技大国以及个别领域专精特的科技强国相比,仍有较大差距。受制于现实国情和所处发展阶段,科技成果面向公众的普及程度、惠及社会民生生态的可持续发展方面也远远落后于创新强国水平。以《2016年全球创新指数》排名为例,尽管我国已跻身全球创新25强序列,但创新基础设施水平等指标排名严重落后:"信息通信技术"的综合指标排名为第53位,其中子指标"ICT普及率""ICT利用率""政府网络服务""电子参与"的排名分别为第75位、第63位、第47位、第33位;基于互联网与机器学习、网络游戏、应用软件开发水平比较低,"网络创意"的综合指标排名仅为第92位,其中子指标"通用顶级域""国家代码顶级域""维基百科每月编辑次数"的排名分别为第74位、第50位、第104位;基于生态环境的瓶颈制约日益严峻,"生态可持续性"的综合指标排名为第76位,其中子指标"GDP/能耗单位""环境表现"的世界排名仅分别为第102位和第92位。

在今后一段时间里,要以科技前沿领域、战略性领域和制约产业转型升级为关键节点,集中力量,力争在重点和关键技术上取得突破。要在对已有国家重大科技专项、国家重大科技项目和工程进行整合的基础上,进一步突出重点,完善实施机制,制定"国家重点技术清单",确定发展路线和时间表,并制定相应的技术和经济政策。要创新国家重大科技计划的组织与实施方式,对于近期急需产业化的重要科技,要把具体的实施工作交给企业来做,集中精力打一场"歼灭战"。对于那些需要长期稳定资金投入的重大前沿技术,可以考虑建立一批新型的国家级科研中心、产业创新中心,将相关领域的科研人员、技术专家集中在一起,打一场"持久战",从而达到综合创新、协同创新的目的。要建立完善的评价和决策机制,有效地解决重大科技开发中的争议问题,同时要加大技术标准的制定力度,制定具有针对性、可操作性和突破性的经济政策。

着力构建国际一流的创新基础设施,大力促进科技成果惠及经济社会民生福祉。

一是加快发展信息、卫生、能源和环境等方面的重大基础设施。加快推进"宽带中国"战略,推进《信息基础设施重大工程建设三年行动方案》的实施,加快推进信息技术产业化进程。要加快信息化和其他重要的网络项目的建设,要建立一个合理的竞争机制,促进信息消费的价格降低。规划和建立统一和开放的国家大数据中心体系、国家基因库、能源和环境研究和试验中心等,推动数据资源共享,加快电子政务、医疗卫生、能源和环境等重大工程的建设。

二是加强科技基础建设和创新载体建设。统筹科研基地、科技资源共享服务平台和科研条件保障能力，加强基础的、前沿的大科学装置建设，促进重大科技基础设施的开放共享。加快建设国家综合科技中心，优化和完善国家工程中心和工程实验室。在北京、上海、武汉、广州、深圳、西安等几个大城市，建立一批以基础和前沿为目标的科研平台。加快建立以互联网为代表的新型合作创新平台，如"互联网+"服务平台。

三是推动科技基础设施、创新载体、大型互联网平台等的建设。为高科技、知识密集型服务业提供技术研发、标准、产品等服务，促进其发展。

六、打造创新要素的政策环境和体制机制生态

创新的实质是科技的商品化，这个过程不仅要靠人的智慧和创造力，还要有持续不断的知识供给、高风险的资金投资等支撑，在这个过程中，还存在着许多的不确定因素，因此迫切地要求有一个稳定的政策支撑和良好的制度及机制生态。

当前，我国正处于经济社会发展由要素驱动、投资驱动向创新驱动转型的关键时期，创新政策的核心目标几经演进，由前期重视引进消化吸收再创新、科技成果转移转化，到建设创新型国家、全面提升科技创新实力，再到党的十八大以来提出创新驱动发展战略，让创新成为经济社会发展的第一动力；政策手段方面，由前期带有计划经济特征的"定点"扶持方式，逐步向后期奖励性质的、普适性、惠及更多群体的扶持方式上转变。

在贯彻落实新发展理念、实施创新驱动发展战略的过程中，政府与市场的定位日益清晰，职责分工更加明确，除在一些关系国家安全、国计民生、可持续发展的前沿领域、战略性领域之外，政府越来越倾向于"后退一步，站高一步"，专心打造有利于创新要素汇聚的政策环境和体制机制生态。

在今后5—10年内，以创新软环境为核心，按照创新因素的特征与规律，重点开展三项工作。

一是为培养更多的创新型人才创造良好的就业环境。用素质教育来克服应试教育的缺陷，不断地提高高职教育质量，创造出一种创新型的科学技术人才的培养模式。面对日益激烈的国际竞争态势，与世界一流大学和一流学科的建设相结合，对留学生培养的支持机制进行完善，并对技术移民进行探索。重点解决国外

创新人才普遍关注的个税减免、网络搜索限制等问题，促进人才跨境流动。

二是要营造良好的知识产权保护与转化环境，使更多的科技成果能够发挥其商品化的作用。进一步加大对知识产权侵权人的败诉率、赔偿额，进一步加大对知识产权的行政执法力度和"两法"的衔接力度，构建网络和手机上网查询平台，促进知识产权服务向市场、社会化、专业化方向发展。《科技成果转化法》是国家对科技成果转化的一项重要内容。

三是营造投资与融资的政策与体制环境，以吸引更多的资本投入到创新中。改进财政资助创新的方式方法，充分发挥政府专项基金的示范性和杠杆效应。在商业银行、政策性银行支持创新过程中，所遇到的抵押物不足、回报周期长、不良资产率高等问题，要积极引入担保公司等第三方机构，采用投贷联动、政府联合金融机构风险担保等多种方式，引导政策性金融机构向早期投资、风险投资倾斜。尽快推进注册制的落实，建立多层次资本市场，扩大资本和投资退出渠道。

第五章 金融创新与区域经济高质量发展研究

这一章主要是对金融创新与区域经济高质量发展的研究，主要从四个方面进行了阐述，依次为金融创新的研究背景及意义、金融创新与区域经济高质量发展相关概述、金融创新与区域经济高质量发展协同分析、协同推进金融创新与区域经济高质量发展的结论及展望。

第一节 金融创新的研究背景及意义

一、研究背景

经过40多年的改革开放，我国经济和社会已经进入到一个全方位的转型和变革的新时代，经济不仅取得了巨大的发展，而且在世界上创造了一个发展奇迹。在社会和经济发生巨大变化的同时，我国已经取得了令人惊叹的巨大成果，其经济的平均年增长率达到了9.5%，远远超出了同时期世界经济大约2.9%的平均年增长率，其国内生产总值一直维持着令人瞠目结舌的高速和平稳增长，并对全球经济产生了重要的国际影响。但是，随着经济的迅速发展，地区间的差距也越来越大，并且呈现出越演越烈的趋势。对于这一差别形成的特定原因，学界展开了热烈的探讨和研究。一个国家的经济发展与金融的发展是密不可分的。在经济发展进入"新常态"的背景下，我国的经济增长已经从以要素和投资驱动为主转向以创新驱动为主,而金融作为创新驱动的重要源泉,只有增强了金融的创新能力,才能为创新活动提供必要的融资支持,促进创新成果的商品化,从而推动经济的高质量发展。深入实施创新驱动发展战略,强化以金融创新驱动为核心的全方位创新驱动,推动以金融创新驱动为主要引领和支撑的经济发展体系和发展模式的形成,为我国迈入创新型国家的行列创造良好条件。所以,当前我国以创新为核心的金融创新已成为推动经济高质量发展的最主要因素。要跻身于创新型国家之列,我们要在新一轮的经济发展中占据制高点,借助金融创新这股强劲的推动力,大力推动我国经济向更高层次和更高质量发展。以金融创新为动力,推动区域经济高质量发展,是当前我国经济和社会发展中的一个重要课题。

二、研究的意义

在经济发展"新常态"和"创新驱动发展"的宏观战略指引下,对我国金融创新驱动与高质量发展之间的关系问题进行深入的研究,这对于提升我国金融创新驱动能力,推动区域经济高质量发展都有着重要的现实意义。因此,对金融创新在促进地区经济高质量发展中所起的作用进行研究,不仅在理论上,同时在实践中也是非常有价值的。

(一)理论层面的意义

就理论发展而言,关于促进经济高质量发展的金融创新研究,既能加深对金融创新在推动区域经济高质量发展中的作用的认识,并且还能够持续地对经济增长理论进行拓展和完善,从而提升经济增长理论对经济事实的解释能力。

(二)现实层面的意义

从实际的视角来看,对如何通过金融创新来推动经济的高质量发展进行研究,其研究成果将为我们国家的现代化经济体制建设提供直接的服务,这对保证我国地区经济的高质量发展具有重要的理论意义和指导意义,同时,对促进国家创新驱动发展,促进国家经济的快速发展,具有重要的现实意义;对加速转型,促进地区间协调发展,也具有十分重要的实用价值。

第二节　金融创新与区域经济高质量发展相关概述

一、金融创新的相关概论

（一）金融创新的内涵

1912年，美籍奥地利经济学家约瑟夫·阿罗斯·熊彼特（Joseph AloisSchumpeter）在《经济发展理论》一书中首次提出"创新"这个概念。熊彼特把创新看作是一种由创业者对原有的一种生产因素和一种新的生产环境进行重新的配置，并由此构建出一种新的生产函数。熊彼特把这样的结合分成了五种情形：引进一个新的商品、开发一种新的产品、开辟一种新的销路、获取原材料或半成品的新货源、实行一种新的商业模式。熊彼特对"创新"这一概念的提出，为"金融创新"这一理论的提出提供了理论依据。[①]

目前，学术界关于金融创新的定义众说纷纭，仍未有统一的说法。这说明金融创新是一个更加复杂的概念。梳理国内外学者对金融创新这一概念的研究可以发现大致分为三个类别。这三个类别分别从宏观、中观、微观三个层面对金融创新这一概念进行界定，不同层面的定义强调了金融创新的不同着力面。

1. 从宏观层面上看金融创新

宏观层面的金融创新是指从宏观视野上界定金融创新的含义，认为人类金融史上的重大历史变革就是金融创新。货币的发明是人类历史上首次且最重要的金融创新。10世纪我国宋代时期的经济发展达到了历史的巅峰，各种商业行为频繁，加上宋朝宽松的经济政策使得经济行为更加繁荣，这就要求大量的现金流通，那个时候钱币不是银子就是铜币，携带不方便，进而出现了交子这种原始的纸币，这也是人类历史上另一次很重要的金融创新。13世纪商业银行在意大利的出现是金融创新很重要的里程碑。1602年，荷兰东印度公司正式成立，发行了世界上第一张股票，并通过证券交易的方式用股票换取资金，这是金融创新的另一重大进展。总之，随着人类社会的不断发展，金融在人类生产、流通分配、消费中

---

① [美]约瑟夫·熊彼特.何畏，易家详等译.经济发展理论[M].北京：商务印书馆，2020.

的地位和作用日益提升，人们对金融重要性的认识不断深化。第二次世界大战以后，特别是进入21世纪后，互联网金融与人类生产、流通、分配、消费的活动结合越发紧密，逐步由个别金融企业、金融业范围的金融创新转向跨金融业和非金融业的多领域、总体、全局的金融创新，人们更加能从宏观层面感悟和研究金融创新。

国内外学者很少从宏观层面直接界定金融创新的含义。班尼特（Bennett）认为，从传统经济体转向发展中经济体的初期发展阶段，人均产出不断增长，税收占收入的比重增加，从世界其他地区创新融资，或者金融产品和技术的改变称为金融创新。[1] 图法诺（Tufano）认为，金融创新是指创造和扩散新的金融工具、金融技术、金融市场或金融机构的行为。[2] 周林和何旗是国内最早对金融创新定义的学者，在他们看来，在广义上金融创新是指各种经济现象，其中包括了新的金融资产、新的金融市场和新的支付付款介质的出现。根据其共有的特征，我们可以大致划分为两种类型：第一种是金融创新，它能够降低金融监管约束的影子成本；第二种是为了降低交易费用，规避风险而进行的一种金融创新。[3] 张育军和李金柱认为金融创新是金融要素的重新组合与金融要素的扩展。[4] 王仁祥和喻平认为金融创新是一个创新系统，它由三个子系统组成：金融市场创新、金融制度创新和金融产品创新。[5]

当下，互联网金融背景下的金融创新是最主要的研究新领域。中国人民银行等十部委联合发布的《关于促进互联网金融健康发展的指导意见》将互联网金融界定为：传统金融机构与网络公司，通过网络技术和信息通信技术，来完成资金融通、支付、投资和信息中介服务的一种新型金融业务模式。然而，一些学者却提出，网络金融并不属于金融创新，在耶鲁大学金融学教授陈志武看来，互联网所产生的金融并非"新金融"，只是营销方式与获得方式发生了改变，其交易的

---

[1] Bennett R. L.Financial Innovation and Structural Change in the Early Stages of Industrialization: Mexico,1945–1959[J].The Journal of Finance,1963,18(4): 666–683.

[2] Tufano.Financial Innovationc Handbook of the Economic（of Finance）[M].Amsterdaln:Elsevier North Holland, 2002.

[3] 周林，何旗.浅谈西方国家的金融创新[J].金融研究，1985（12）：42-43.

[4] 王仁祥，喻平.金融创新理论研究综述[J].经济学动态，2004（05）：90-94.

[5] 张育军，李金柱.近十年来我国金融创新及其深化准则[J].中央财政金融学院学报，1988（1）：30-31.

还是金融契约,不管是线上还是线下;从互联网意义上挑战传统银行和资本市场,但在本质上跟资本市场、银行等所运营的产品并没有什么差别,依然是交易双方进行的跨期价值交换和信贷的交换。①李继尊认为,因为在中国,互联网基础比较健全,电子商务比较发达,民间资本比较活跃,传统的金融服务比较落后,金融监管相对落后,所以互联网金融并没有在那些在金融和科技都比较成熟的发达国家中取得优势,但是,它首先在我国获得了迅速发展,尤其是众筹平台,它是当前研究的热点之一。众筹可以减少产品需求的不确定性,从而提高社会福利水平。②王聪聪、党超、徐峰、钟立新和杜炜认为互联网金融背景下的金融创新是金融与互联网的深度结合,给金融业的产品、组织和业务等各个领域带来了深远的影响。③

2. 从中观层面上看金融创新

中观视角下的金融创新是指在金融行业或领域界定金融创新的含义。米勒（Miller）认为,金融创新是指金融机构以及金融工具的变化。④厉以宁与陈岱孙认为,金融创新指的是在金融领域中,构建出"新的生产函数",具体包括了新的融资方式、新的金融市场、金融工具、新的组织形式以及新的支付结算方式与管理方法等一系列新事物。⑤博伊德（Boyd）和史密斯（Smith）认为,金融创新是一个金融部门发展的动态过程,既影响实体部门的发展,又受到实体部门发展的影响。⑥布莱克（Blake）认为,金融创新是指金融中介部门应对金融资产供给和需求变化的解决方案。⑦在钱国荣看来,所谓金融创新,指的是打破长期以来

---

① 陈志武. 互联网金融到底有多新 [N]. 经济观察报,2014-01-06.
② 宁吉喆. 2015 中国经济社会发展形势与对策 国务院研究室调研成果选 [M]. 北京:中国言实出版社,2015.
③ 王聪聪,党超,徐峰,等. 互联网金融背景下的金融创新和财富管理研究 [J]. 管理世界,2018,34（12）: 168-170.
④ Miller M.H Financial Innovation:The Last Twenty Years and the Next[J].Journal of Financial and Quantitative Analysis,1986,21（4）: 459-471.
⑤ 陈岱孙,厉以宁. 国际金融学说史 [M]. 北京:中国金融出版社,1991.
⑥ Boyd J.Smith B.The Coevolution of the Real and Financial Sectors in the Growth Process[J]. World Bank Economic Review,1996,10（2）: 371-396.
⑦ Blake D.Financial Inter mediation and Financial Innovation in a Characteristics Framework[J]. Scottish Journal of Political Economy,1996,43（1）: 16-31.

金融行业的固有运作方式，对金融技术、金融工具、金融市场、金融体制、金融业务以及金融机构进行改革与创新。[1]生柳荣将金融创新理解为，金融管理局和金融机构从微观角度和宏观角度对效益的考虑出发而对机构设置、业务品种、金融工具和制度安排所进行的金融业创造性变革和开发活动。[2]

从中观角度来论述的金融创新比宏观角度更加具体，将视角更加明确地设置在金融行业或领域的层面上，这样的研究扩充了金融创新概念的内涵，使得人们可以在更加具体的领域研究金融创新。

3. 从微观层面上看金融创新

微观视角下的金融创新主要是从具体的金融工具或者金融产品的角度对其进行定义。西尔柏（Silber）认为，金融创新是一种试图冲破金融约束的新金融产品或新金融实务。[3]范霍恩（Van Horne）也认为，金融创新可以是一种新的金融产品，或一个新的金融服务过程，并举例说明了金融创新，如新的金融产品有货币市场投资账户、超级 NOW 账户、利率及股指期货、期货期权、市政债券共同基金、零息债券和息票剥离、可调利率优先股等 19 种；新的金融服务过程有 ATM、POS、电子证券交易等 6 种。[4]罗尔思（Ross）认为，金融创新是指新证券及其市场或大量使用新金融工具的动态交易策略。[5]刘青认为，金融创新主要是指金融工具的创新，金融机构为适应新的经营环境而开发新的金融工具，经常是指对融资技巧和付款结算方式的改进。[6]张波则认为，金融创新是对已有的各种类型的金融产品进行再组合，只要有需要，这种持续的一体化进程将会给金融创新带来无穷的可能。[7]何静的观点是，金融创新是金融机构基于市场的变化，通过各要

---

[1] 钱国荣. 风险防范需要金融创新 [N]. 北京：中国证券报，1997.
[2] 生柳荣. 当代金融创新 [M]. 北京：中国发展出版社，2000.
[3] Silber W.L.The Process of Financial Innovation[J].American Economic Review，1983，73（2）：89-95.
[4] Van Horne J.C.Of Financial Innovations and Excesses[J].The Journal of Finance，1985，40（3）：620-631.
[5] Ross S.A.Institutionalvation Markets，Financial Marketing，and Financial Innovation[J].Journal of Finance，1989，44（3）：541-556.
[6] 刘青. 试论我国的金融创新 [J]. 中国城市金融，1994（9）：15-16.
[7] 张波. 金融创新理论研究的新进展评析 [J]. 南开经济研究，2002（1）：69-72.

素的重新组合和创造性变革，为市场提供金融新产品和服务。[1]雷蒙德（Redmond）认为，金融创新是新产品和新金融工具的创新和扩散，区别金融创新的差异包括中介机构的作用、质量的可变性和外部性的程度。[2]国内外持类似观点的学者也很多。

微观视角下，目前国内外对金融创新的理论和实践都是围绕着金融产品和工具展开的。尽管这些研究为将来的研究打下了一定的基础，但仅仅将金融创新看作是一种金融产品或金融工具创新，未免过于简单。

当前，对金融创新概念的理解日益趋向综合化，将金融创新视为一种复杂的系统，不再局限于从某一个特定层面来理解金融创新。本书综合上述三个层面分析金融创新的定义，认为金融创新是一种将金融市场、金融产品、金融机构和金融管理结合在一起的创新体系。

（二）金融创新的相关理论

1. 约束诱导型金融创新理论

威廉·L.西尔伯（William L Silber）在供给角度的基础上，对金融创新的成因展开了研究，并最终形成了约束诱导型金融创新理论，他认为金融创新是微观金融部门追求利润最大化的结果，这不仅是一种自我防卫的方式，而且也是一种减轻外部政府监管者所造成的金融压制的方式。金融压制的主要根源有两个：一是外部压制，二是公司内部压制，对外的压制主要是指政府部门的监督和管理，对公司的内部压制主要是指对公司所设定的盈利目标的压制。当外界环境的改变导致金融压制的时候，金融机构通常会利用金融企业的实际价格和其经营的管理影子价格的差额，来进行金融创新，从而获得最大的收益。[3]

2. 规避型金融创新理论

凯恩（E. J. Kane）对金融创新的动因与目标进行了分析，将其视为一种规避

---

[1] 何静.我国银行业金融创新的不足与原因[J].深圳大学学报，2003（3）：52-56.
[2] Redmond W.Financial Innovation, Diffusion, and Instability[J].Journalof Economic Issues, 2013, 47（2）：525-531.
[3] （美）里特（Ritter, L.S.），西尔伯（Silber, W.L.）.货币、银行和金融市场原理[M].上海：上海翻译出版公司，1990.

外部监管规则,以避免违规与违法风险的行为。[①]与约束诱导型金融创新理论相比,规避型金融创新理论有很多类似的地方,但是它们之间也有很大的不同:在规避型金融创新理论中,金融创新的目标是要避开外部政府控制的影响,而在约束诱导型金融创新理论中则强调内外两个方面的限制。

3. 交易成本金融创新理论

尼汉斯(J.Nienans)和希克斯(J.RHicks)认为降低交易成本是金融创新最直接的原因,他们从金融创新、交易费用、资金需求三个方面进行了分析,将交易费用视为影响货币需求的一个主要因素,对各种金融工具的需求可以反映出对不同货币需求;相反,交易费用对各种金融产品的需求也有很大影响。[②]交易费用之所以会影响到投资者个性化需求,是因为对金融工具的需求,也就是投资个性化需求,而交易费用对货币需求的影响则是通过对金融工具的需求来体现出来的。换句话说,减少交易费用可以推动金钱成为一种新的交换介质或一种新的金融工具。由此可以看出,降低交易费用将推动金融创新,提高金融服务质量;相反,金融创新对降低交易费用也有帮助,这两者之间存在着一种相互作用的关系。

4. 技术型金融创新理论

麦道卫(J. M. McDowell)和韩农(T. H. Hannon)是金融技术革新的典范人物,他们主张将高科技推广到金融领域,推进金融在创新过程中的网络化和电子化。[③]一方面,在技术的支持下,金融创新能够有效地减少融资活动的时间费用。另一方面,在经济运作的过程中,创新的金融工具能够减少和分散风险,提升金融活动运作的效率。

5. 制度型金融创新理论

戴维斯(L.E.Davies)是一位制度型金融创新学派的代表人物,他认为,金融创新不仅仅是一种制度改革,它还属于经济制度的一个重要部分,它与经济制度之间存在着相互影响、互为因果的关系。[④]在计划经济时代,由于通货膨胀、财富积累以及外部和内部的约束等原因,导致了金融创新的发生。但是,在这种

[①] 王松奇. 金融学 第3版 [M]. 北京:中国金融出版社,2012.
[②] 布仁门德. 改革与发展新时期中国金融体系研究 [M]. 北京:中国商务出版社,2018.
[③] 陈丽莉. 互联网金融发展的模式创新研究 [M]. 北京:国家行政学院出版社,2018.
[④] 王先玉. 现代商业银行管理学 第2版 [M]. 哈尔滨:哈尔滨工业大学出版社,2002.

情况下，严格的管理制度和高度的集权制度会对金融创新造成压制。在政府管制的市场经济条件下，金融机构的多元化和全方位的创新也随之产生。因此，不同的经济体制会对金融体制造成不同的影响。金融体制的不断优化可以推动金融体制的变革，而金融体制的革新就是金融创新。

（三）金融创新的分类

金融创新的主流观点是借鉴熊彼特在定义"创新组合"时将其分为新产品、新方法、新市场、新原材料来源和新组织的做法，将金融创新分为金融产品创新（或金融工具创新）、金融过程创新、金融技术创新、金融市场创新和金融制度创新。

从其他角度出发，可以对金融创新作出不同的分类。按照金融创新概念的外延来划分，可将其分为广义与狭义两个类别。广义的金融创新指任何金融要素的新发展，包括金融机构、金融市场、金融技术、金融工具、金融服务流程等的变化；狭义的金融创新指金融工具的新引入，包括新工具在新业务中的应用、新工具在旧业务中的应用、旧工具在新业务中的应用。霍兰德（Holland）按金融创新动因将金融创新分为先验性创新和规避性创新：先验性创新指金融机构或金融客户寻求一种与金融当局监管完全没有关系的改进；规避性创新指金融机构或金融客户为规避金融当局监管而发明的新产品、新服务和新过程。[①]

金融创新的认识基于系统角度，突出了金融创新在宏观、中观和微观三个层面上的有效结合与互动特征。金融创新必将与金融相关的人员、技术机构、资本等进行有效结合，利用政府对金融体系的监管和金融市场的调整和融合，来达到推动地区经济高质量发展的目的。金融创新可划分为四个部分：金融机构创新、金融市场创新、金融产品创新以及金融治理创新。

1. 金融机构创新

金融机构是指从事金融业相关的金融中介机构。金融机构通常提供下列一种或多种的金融服务：在市场上进行融资，从而得到货币资金，将其转化并构造成各种形式的更可接受的金融资产，这类业务构成了一个金融机构的债务和资产，这是一个金融机构的基本职能，执行这一职能的金融机构是最主要的一种金融机

[①] 石启龙著.跨市场操纵 生成、模式与法律监管[M].沈阳：东北大学出版社，2017.

构类型，它可以为顾客进行金融资产的交易，为顾客提供金融交易的结算服务。自营贸易金融资产，可以满足顾客对各种金融资产的需要，协助顾客建立起金融资产，并将这些金融资产卖给其他市场参与者，为顾客提出投资意见，对金融资产进行保管，对顾客的投资组合进行管理。上面提到的第一项业务与金融机构接收存款的职能有关，而第二项和第三项业务则是与金融机构的经纪和交易职能有关，第四类是承销业务，从事承销业务的金融机构通常还会有证券经纪业务，第五类是咨询和信托业务。

根据不同的标准，可以把金融机构分为几类。根据其与银行体系的关系，将其分为银行金融机构和非银行金融机构两类；根据出资的国家特征，可以将其分为内资金融机构、外资金融机构和合资金融机构；根据其总部登记地所在的国别，又可以分为国内金融机构、外国金融机构和国际金融机构。中国央行颁布《金融机构编码规范》，对中国的金融机构的分类标准进行了总体上的统一。第一次对中国的金融机构覆盖进行了清晰的定义，对各种金融机构的构成进行了定义，并对其统计的编码方式和方法进行了规范。在《金融机构编码规范》中，对其进行了9个类别的划分：

第一类，货币当局（中央银行）。包括中国人民银行（含其下属的国家外汇管理局）。

第二类，监管当局。包括中国银行保险监督管理委员会、中国证券监督管理委员会。

第三类，银行业存款类金融机构。包括商业银行（含城市信用合作社及联社改组的城市商业银行、原农村信用合作社及联社改组的农商银行）、政策性银行、农村资金互助社、财务公司。

第四类，银行业非存款类金融机构。包括信托公司、金融资产管理公司、金融租赁公司、汽车金融公司、贷款公司、货币经纪公司。

第五类，证券业金融机构。包括证券公司、证券投资基金管理公司、期货公司、投资咨询公司。

第六类，保险业金融机构。包括财产保险公司、人身保险公司、再保险公司、保险资产管理公司、保险经纪公司、保险代理公司、保险公估公司、企业年金机构。

第五章　金融创新与区域经济高质量发展研究

第七类，交易及结算类金融机构。包括交易所、登记结算类机构。

第八类，金融控股公司。包括中央金融控股公司、其他金融控股公司。

第九类，新兴金融企业。包括小额贷款公司、第三方理财公司、综合理财服务公司。

可见，《金融机构编码规范》所指金融机构是从广义角度进行界定的，狭义的金融机构不包括第一类货币当局和第二类监管当局。金融机构主要从狭义角度进行理解。

改革开放以来，我国的金融机构不断创新发展。1979年，中国银行、中国农业银行从中国人民银行中分离出来，开启了金融机构快速创新发展的序幕。目前我国已经有数量众多、类型多样的金融机构，基本形成了适应经济发展需要的金融机构体系。金融机构的服务水平不断提高，提供的各项金融服务已覆盖国民经济各部门和社会发展的各个方面。就金融机构来说，不仅要为自己国家的经济发展提供支持，还要在全球范围内进行更大范围的投资。我国经济和社会各方面都已迈入全面深化改革的新阶段。一方面，我国的国有经济实力进一步增强，国有企业的经营与管理制度的改革步伐加快；同时，私营经济实体的数量和规模也在不断增加，对中小企业的发展也给予了更多的支持。在这样的新情况下，金融机构必然要进行全方位的改革，从而为经济转型提供强大的资金保证和支撑。面对着越来越激烈的国际金融市场竞争，国内的银行和金融机构只有提升自己的盈利能力，才能更好地在国际金融市场上进行资产重组、并购和收购等活动，从而提升自己在国际金融市场上的竞争力。未来，我国金融机构要继续在我国经济发展中发挥重要作用，提高国际金融市场竞争力，只能依靠金融机构创新发展来实现。

金融机构的创新是依靠科技与人才的"双轮"推动而实现的。金融人才指的是拥有一定的财务专长或特殊技术，可以开展创造性的工作，并为金融机构的发展作出自己的贡献，有较高能力和素质的劳动者。金融机构只有源源不断地引进人才、培养人才、使用人才，金融机构效率和效益才能提升。因此，金融人才创新是对"金融人才"进步变化过程的描述，是金融机构创新最重要的方面。另外金融技术创新是指金融机构对新金融科技的创新应用。金融科技应用推动了金融机构的电子化建设和线上业务的兴起，人工智能、大数据、云计算等新兴科学技术的应用将进一步推动智慧金融、无人金融、开放金融的创新发展。金融技术创新越往高级阶段发展对金融研发投入的依赖性越强。金融研发具有积累性，已有金融技术积累建立和加强的基本途径就是研发。因为金融研发活动是一种创造性活动，新的创造性是建立在现有的创造和学习基础之上的，该过程持续进行，从而将金融技术的发展水平提升到更高的水平，与之相对应的金融技术创新能力将会变得更加强大。金融机构的创新来源于金融技术创新与金融人才创新的组合，它将会给金融机构带来巨大的变革，并将一系列不可能变为可能。

2. 金融市场创新

金融市场是指以货币资金及其衍生物为交易对象的场所。金融市场的结构非常复杂，是由多种不同的市场共同组成的一个巨大系统。通常以金融市场上交易工具的期限为依据，将其划分为两大类型：货币市场和资本市场，货币市场指的是融通短期（一年以内）资金的市场，而资本市场指的是融通长期（一年以上）资金的市场，它们之间还可以更深层次地划分成几个不同的子市场，其中，主要有银行间拆借市场、回购协议市场、商业票据市场、银行承兑汇票市场、短期国债市场、大额可流通存款市场等等。我国的资本市场主要分为两类：一是信用贷市场，二是证券市场。中期和中期信用市场是指金融机构和工商业企业间相互借贷的一种市场；证券市场是指以债券、股票、基金、保险和融资租赁为主要内容的市场。

金融市场创新需要营造一个好的金融创新环境。金融创新环境是指对金融创新产生直接或间接影响的相关因素，其中服务业发展程度、金融发展程度、通货膨胀水平等是重要的因素。金融市场创新是一项高效和富有活力的活动，为金融市场注入新鲜血液，金融市场活跃程度是衡量金融市场创新的重要方面。

3. 金融产品创新

金融产品在文献中的使用频率较高，但尚无公认统一的定义。对金融产品主要有广义的金融产品和狭义的金融产品两种理解，广义的金融产品包括金融运作方式、金融工具和金融服务体系，具体包括：货币类金融产品、证券类金融产品、票据类金融产品、信贷类金融产品、担保信用证、金融租赁、衍生产品、顾问咨询等等；狭义的金融产品包括本身是商品的金融工具以及伴随"支持性商品"而提供的服务或者把金融产品等同于金融工具。从狭义的金融产品范畴界定金融产品，金融产品涵盖金融工具和无形的金融服务。金融产品有货币、基础金融产品和金融衍生产品这三个层次。

同样，对金融产品创新的定义也存在多种理解。金融产品创新指的是，在外部激励或内部驱动下，以自身的特性为基础，对这些特性进行开发，这些特性对顾客来说是很有意义的，并可以大大提高顾客的内部价值的各种产品创新的总和；金融产品创新指的是在目前的国家金融体系环境下，金融机构可以使用添加新的金融工具、改变金融服务模式、改变金融服务传递渠道、引入新的金融服务技术等方式，获得目前金融产品、服务模式、技术方法、服务传递路径等所不能获得的可能收益的过程；金融产品创新是指金融机构运用新思维、新方式和新技术，在金融产品或服务、交易方式、交易手段及金融市场等方面的创造性活动，从而实现金融机构经营利润最大化和风险最小化的一系列经济行为过程。我们认为，金融产品创新指创造或引进新的金融产品，这里的金融产品包括金融产品本身，也包括跟进的金融服务。

当前，普惠金融产品与绿色金融产品是金融产品创新的主流方向。关于普惠金融与绿色金融这两个概念，国内外学术界并没有统一明确的认识。普惠金融（Financial Inclusion）的概念是世界银行扶贫协商小组（CAP）在 2005 年"国际小额信贷年"提出的，吴晓灵认为普惠金融指的是让每一个有金融需求的人都能够及时、方便、有尊严地以适当的价格获得高质金融服务的机会。[1]中国人民银行、财政部等七部门在《关于构建绿色金融体系的指导意见》中提出："绿色金融是为支持环境改善、应对气候变化和资源节约高效利用的经济活动，即对环保、节能、清洁能源、绿色交通、绿色建筑等领域的项目投融资、项目运营、风险管理等所提供的金融服务。"这两个概念中的金融服务是广义的，既包括金融服务本身，也包括相关的金融产品。应当指出，推动普惠、绿色金融创新，并不只是一家金融公司或者一个金融公司内部的一个分支所能完成的任务，这关系到金融行业整体的发展观念和行为方式的转变，让人们能够更便捷地获得高质量的普惠金融和绿色金融产品和服务。

---

[1] 吴晓灵. 以惠普金融促进社会和谐[N]. 人民日报，2017.

4. 金融治理创新

治理的含义是由联合国全球治理委员会（CDD）定义的，"治理"是公共部门、私人组织及个体对他们的公共问题所采用的多种方式的总称，它是一个不断变化的过程，它是一个协调矛盾或利益分歧，以及一个集体行为的进程，它包含了有权力强迫人民遵守的正式体制和规定，以及人民赞同或对他们有利的各种各样的非正式的体制安排。根据"治理"一词的含义，我们可以得出"金融治理"是指，在一套正规或非正式的财务制度中，由财务组织与个体之间相互影响、协调并达成共识，以解决财务问题的一种方式。显而易见，金融制度创新是金融治理创新的决定性因素，不论是正式金融制度创新还是非正式金融制度创新，都以不同方式和机制影响或者决定金融治理创新。

金融监管在金融治理中具有重要作用。金融监管是指政府或政府的代理机构（货币当局、监管当局）对金融机构、金融市场、金融产品实施的各种监督和管治，包括金融市场准入、市场退出等方面的规定，对金融机构业务范围内部组织结构、风险管理和控制等方面的要求，本质上是一种具有特定内涵和特征的政府规制行为。金融监管起源于20世纪20年代末至30年代初的全球性经济大危机时期。1929年10月24日纽约股票市场价格在一天之内下跌12.8%，大危机由此开始，从美国迅速蔓延到整个欧洲和除苏联以外的全世界，是迄今为止人类社会遭遇的规模最大、历时最长、影响最深刻的经济危机。全球性经济大危机使得人们不再相信市场是完全可以自我调节的，从而进一步认识到金融监管创新的必要性。

改革开放以来，我国金融监管持续创新。1992年以前，中国人民银行行使中央银行职能，同时也肩负着对银行、证券、保险、信托在内的整个国家金融业的监管职责，我国金融监管处于混业监管时期。1992年，中国证券监督管理委员会（证监会）成立，中国人民银行不再负责对证券公司的监管，交由证监会行使。1998年，中国保险业监督管理委员会（保监会）成立，中国人民银行对保险业的监管职责分离出去。2003年，中国银行业监督管理委员会（银监会）成立，从中国人民银行接管银行业的监管职责。自此，正式形成了由中国人民银行负责货币政策和金融稳定，银监会、证监会和保监会实施分业监管的"一行三会"格局，开启了一段金融监管专业分工的监管阶段。2017年，由于银行业和保险业在监管理念、规则和工具上有相似性，银监会和保监会合并为中国银行保险监督管理委员会（银保监会），这有助于补上基层保险监管人员缺失和专业能力不足的短板，加强基于资本约束的监管。2023 年，按照国务院提出的建议，进一步推进地方金融监督体系的改革。构建起以中央金融管理部门地方派出机构为主体的地方金融监管体系，对中央金融管理部门地方派出机构的设置和力量配置进行统筹优化。由当地政府建立的专门负责监督的金融监督管理部门，将不会再增加金融工作局、金融办公室等牌子，在金融业综合经营已成趋势的大背景下，我国金融监管体系还将进一步修改与完善，相应地针对体系变革的监管政策也将予以出台和更新，金融监管创新将是永恒的话题。

（四）金融创新评价指标体系

目前，学术界主要以单指标法和多指标法对金融创新进行评价与分析。有的学者选取前期名义利率，有的专家选取广义货币与狭义货币之比，而赖声裕智选取生态位适宜度等指标对金融创新进行评价与分析。综合相关学者的研究，采用多指标法对金融创新进行分析，拟从金融机构创新、金融市场创新、金融治理创新三个方面来构建金融创新评价指标体系。

1. 金融机构创新评价指标

金融机构创新发展有赖于人才创新和技术创新的"双轮"驱动。因此，金融机构创新的指标由金融人才创新和金融技术创新两部分构成。金融业是现代服务业，是"以人为本"的行业，是最需要人才支撑的行业。金融人才具有量的规定性和质的规定性，它是由金融人才数量和金融人才质量两个方面内容构成的。一个国家、地区或企业的金融从业人员总量决定了其金融人才数量的基本格局。金融人才质量是指一国家、地区或企业的金融从业人员素质的综合反映，知识水平与技能水平是金融人才质量中最主要、人们最关心的方面，一般以人们接受专业教育、职业教育的程度来反映。

金融研发投入的多少决定着金融机构能否进行多大规模和多深层次的金融技术创新。现有金融技术发展水平是未来金融技术创新的基础，不从现有金融技术发展水平着手，就没有未来金融技术创新的基础，金融技术创新就会流于幻想。引进技术的吸收能力是制约引进技术外溢效应的核心变量，技术引进的创新绩效严重依赖吸收能力的提高。

2. 金融市场创新评价指标

金融市场创新的指标采用金融创新环境和金融市场活跃程度来衡量。金融市场创新需要律师、注册会计师等提供的多种服务的支撑，也受到金融发展程度、通货膨胀水平等多种重要因素的制约。因此，选择服务业发展程度、金融发展程度、通货膨胀水平三个指标作为金融创新环境评价指标。

金融业具有专业性强、活跃度高、技术应用广泛等特点，建设一个高效和富有活力的金融市场是金融市场创新的目标。因此，选择金融市场发展规模、资金配置效率、技术市场发育程度三个指标作为构建金融市场活跃程度评价指标。

4. 金融治理创新评价指标

金融治理创新的指标采用金融制度创新和金融监管创新来衡量。金融制度创新通过金融对内开放程度和金融对外开放程度的影响，从而达到提高地区经济的竞争力和地区经济发展质量的目的，选择金融对外开放水平和金融对内开放水平这两个指标，对金融体制创新进行评估。

在对金融监管创新的研究中，还应该考虑到政府的监督与风险控制，更多重视政府干预金融治理的程度和金融抗风险能力，因此，选取政府调控能力和金融抗风险能力作为评价金融监管创新的指标。

在参照以上学者所建立的指标体系基础上，考虑到数据的可获得性与研究的精确性与有效性，构建了金融创新的评估指标体系（表5-2-1），重点选取金融人才创新（X_1）、金融技术创新（X_2）、金融创新环境（X_3）、金融市场活跃程度（X_4）、普惠金融创新（X_5）、绿色金融创新（X_6）、金融制度创新（X_7）及金融监管创新（X_8）。

表 5-1-1 金融新评价指标体系

一级指标	二级指标	三级指标	四级指标
金融创新	金融机构创新	金融人才创新	金融从业人员规模 金融从业人员水平
		金融技术创新	金融研发强度 金融技术发展水平 引进技术的吸收能力

续表

一级指标	二级指标	三级指标	四级指标
金融创新	金融市场创新	金融创新环境	服务业发展程度 金融发展程度 通货膨胀水平
		金融市场活跃程度	金融创新市场规模 资金配置效率 技术市场发育程度
	金融产品创新	普惠金融创新	金融服务可获得程度 金融服务渗透程度 人均存款规模 人均贷款规模
		绿色金融创新	绿色信贷 绿色证券 绿色投资 绿色保险 碳金融
	金融治理创新	金融制度创新	金融对外开放水平 金融对内开放水平
		金融监管创新	政府调控能力 金融抗风险能力

二、金融创新与区域经济高质量发展协同机制

所谓的协同效应，就是在特定的区域，金融创新和区域经济高质量发展两者之间的相互依存、相互调整、相互适应，由此推动区域经济结构持续优化，逐步趋于平稳。当前，经济质量已经成为衡量一个国家综合国力的一个主要指标，而金融行业在分配社会资源方面发挥着关键作用。经济和金融相互影响，可以形成更大的经济推动力量，从而提升整个社会的财富总量。所以，在现实运行过程中，要把金融产业作为提升市场流动性的工具，把促进经济高质量发展作为一个重要的目的，推进金融市场的制度化，这样就可以达到一个长远的、可持续的经济发

展。要想实现高质量的发展，必须要有较高的货币流动性、较高的风险规避能力和较低的币值变化。而在实现高流动、低风险和稳币值的过程中，金融机构和市场的协调调控是实现高流动、低风险和稳币值的主要动力。所以，高质量发展和金融创新的联系是这样的：

一方面是要相互影响，一同演变。在整个经济中，要实现高质量发展，必须要对金融资源进行优化分配，这对于经济要素的优化分配有着非常重大的作用。随着社会经济水平的提高，区域间的资源争夺日益加剧，这就要求银行必须进行创新，以适应市场需要。

另一方面是要实现和谐发展。当金融创新与区域经济配合得很好时，就会促进人们对其他产业的需求，为其他产业的扩张及研发提供资金，从而促进区域其他产业的发展。

所以说，在这一过程中，金融创新和经济高质量发展是由共同进化机理实现的，在此基础上，本书将两者的协作机理划分为两个层次：一是动态关系，即两者相互影响；二是耦合与协调的发展状态，也就是两者的共生与协调。

第三节 金融创新与区域经济高质量发展协同分析

一、金融创新对区域经济高质量发展的作用

从总体上讲，金融创新是提高地区经济发展水平的一种有效途径。金融创新在促进地区经济高质量发展中发挥着重要作用，其作用表现在：增加了资金的流动性，降低了金融风险，降低了交易成本，促进了市场的稳定。

（一）增加货币资金流动性

一个国家要想保持一个良好的经济发展，就离不开货币的供应，它包括两方面的内容，一是央行所提供的基础货币供给量，二是由各金融机构所创造产生的货币。在我国，基础货币数量的多少是由国家宏观经济政策控制的，而金融机构货币创造率的大小也是由政策控制和市场限制的，例如：存款准备金率、再贷款利率、货币的周转率等等。金融创新可以改善市场的秩序，丰富金融产品，满足因经济发展而引起的市场需求，从而扩大社会投资的来源，确保投资和融资的效

益，使资本在各个产业中的周转率、单位货币的平均成交量都得到提升。随着货币的流动速度加快，银行等金融机构的资金创造力就会变得更强大，从而达到提高公司的周转率，进而提高整个国家的经济质量。

（二）规避金融风险

金融创新的根本动机是防范金融风险。在金融市场的发展过程中，风险一直存在，并成为损害投资人利益的主要原因。由金融创新所产生的各类金融工具（期货、期权、远期利率协议等产品），能够帮助投资者利用合理的资产多元化投资，来转移、降低和分散风险，减少由于市场发生波动给消费者带来的损失，让整体经济市场能够顺利运转。但是，一个良好的市场环境是实现其他产业的合理调整和要素高效流通的先决条件，也是实现经济高质量发展的保证。

（三）交易成本降低

尼汉斯和希克斯把这种可以降低资金投入的方法称为一种金融创新。在金融市场中，因为信息障碍的原因，不同的投资者之间的信息是不对称的，要想让他们相互进行资源的整合，就必须花费更多的时间成本和人力资源，而金融创新则是利用了先进的科技和运营设备所制造的金融工具，减少了因为信息障碍而产生的附加成本，使投资者可以用更少的费用获得更高的利润。在一个金融机构中，交易双方并不一定要进行直接的交易，而是要利用这个金融机构所创建的各类金融业务与手段，把钱直接交给该金融机构，融资人要求该金融机构进行融通。作为一个权威的媒介，金融机构可以对借款人的风险进行专业的评价，并且因为交易比较频繁，而且数量庞大，所以可以实现规模化和专业化的处理，减少了交易费用。以更低的交易费用来激发全区域的投资动力，推动全区域的资源分配，进而让经济发展更加活跃。

（四）市场稳定性增强

由金融创新而产生的各种各样的金融工具和金融业务，能够使信息和资产的真实价值变得透明。当人们对信息的理解达到相同程度的时候，金融市场的波动性就会降低，而且还可以在某种程度上抵抗外部市场的冲击。例如，在2007年的次贷危机中，全世界的股市都出现了巨大的波动，股价出现了大量的下滑，然而，发达国家的股票的跌幅要小于某些新兴经济国家的跌幅，这主要是由于双方在金融创新方面的发展水平相差甚远所致。但金融创新的这种防御性效果并不是万能的，它只适用于特定的区域，并且不会影响到金融市场的基本功能。所以，金融创新在维护整个金融市场的稳定方面具有十分重要的作用，而金融市场是整个宏观经济因素中的一个主要构成部分，其稳定对整个区域的经济平稳发展起到了一定的作用。

二、区域经济高质量发展对金融创新的影响

金融行业的出现与发展，从本质上来说，它是社会经济发展到一定程度后必然的结果。当前经济高质量发展对金融创新产生的影响主要有以下四个方面：

（一）阶段效应

在经济发展的初期，居民的平均可支配收入很少，因此，居民没有充足的购买金融产品和相关服务的能力，在这个时候，没有充足的需求来驱动公司和机构进行金融创新，所以整个社会的金融创新都陷入了停顿。唯有在经济社会发展到某种程度之后，居民人均可支配收入才能突破某个临界点，这时候，人们才有了充足的购买力，才能对金融产品和服务进行投资和消费，并能从投资中获得一些收益，在这种情况下，对金融系统的需求将会成为促进金融创新的重要力量。这一"门槛"效应的存在，将造成不同区域的居民财富积累进度的差异，以及区域经济发展质量的两极分化。

（二）利润追逐

在金融机构的发展进程中，机构之间的分工和协作会逐步显现出来，因此可以提升其工作效率。因为各个金融机构之间的信息存在不对称，所以金融机构会在区域内产生某种程度的垄断，从而能够获得经济利益。这样的经济效益将伴随着高质量的发展和资本的快速积累而增长。为了获得更多的经济效益，获得更多的发言权，各大金融机构的竞争将会越来越激烈，因此，每一家金融机构的服务范围都朝着更加专业化、更加熟练的方向发展，它们的作用范围越来越小，它们的工作效率也越来越高，以更高的金融创新来确保自己在金融市场中的优势位置。

（三）破产成本

经过不断地发展，这个公司已经有了相当的生产规模，要想使其顺利运行，所需要的设备、原材料等成本就会更高。因此，在面临借款的时候，管理者会更加谨慎地分析得失，以防止成本造成的损失。一个良好的融资结构会对企业还款的能力有很大的影响，从而减少企业的破产损失，所以，公司在对外筹资时，一般都会选择一种费用较低的筹资方法。在选择的过程中，随着经济和社会的高质量发展，会导致资产的相对价格下降，相应的监管费用也会增加，因此，公司会选择能够让自己的利润最大化的融资方式，从而推动金融创新的发展。

（四）政策管理

在金融行业的运作中，政府部门和各级机构通过发布相关的法律、法规、行为规范等文件来对金融行业进行管理，从而指导金融行业的良好运作。在出现某一次危机的时候，官方机构会发布有关的文件，以保证金融业的稳定发展，以诱使利益追逐者转变为利益导向，来提高社会经济的活力，进而推动金融创新。它是一种以促进经济发展的方式来进行金融改革创新的活动。

第四节　协同推进金融创新与区域经济高质量发展的结论及展望

一、结论

（一）中国金融创新水平较低

特别是在中西部，较低的金融创新程度将会影响到经济的迅速发展。与中西部地区相比，东部地区的金融创新水平更高，因此，金融创新水平的提高对经济发展质量的推进效果明显。在中西部地区，虽然显示出了金融创新的转变可以推动经济发展质量的提升，但是并不明显。造成我国中西部地区金融创新程度低下的原因，是因为地方上缺少高层次、高科技的人才。

（二）经济高质量发展与金融创新相关程度高

金融创新与经济高质量发展相互促进，推动区域产业结构转型，促进市场经济良性运转，提升金融创新能力，不仅可以提升金融传输效率，还可以提升当地货币流动性和资产配置效率，促进高质量的经济发展；而要使金融改革能够吸引到更多的人力、资本和技术，从而完成金融改革，就必须要有一个平稳、有序的市场导向。

（三）金融创新与经济高质量发展存在因果之外的关系

金融创新与经济高质量发展并不只是一种单向的因果关系，也不只是一种双向的因果关系，更不只是一种相互关联的因果关系。在某种程度上，金融创新对经济高质量发展起到了推动作用，然而，如果金融创新进行了太多的提升，那么在今后很长一段时间里，都会对经济高质量发展产生不利影响，还会产生负面影响。所以，适度加强金融创新能够促进我们国家的经济发展。在经济高质量发展对金融创新的影响上，虽然各区域之间的影响机理存在一定的差别，但是从整体上来看，经济发展质量都会推动金融创新的发展。回顾我国金融市场的发展史，我们可以发现，当前的金融创新能力已经向前迈进了一大步，而金融创新与经济高质量发展的联系也越来越紧密，但是仍然存在着以下几个问题：金融创新质量低、效率低，金融市场制度与市场需求不相适应、金融工具单一、投资方式落后等，大多数公司从金融业没有得到它们所需要的支持和帮助。要想真正地达到经济的高质量发展，一个健全的金融体制是不可或缺的。所以，要科学发展，共同创新，这样才可以跟上不断改变的经济发展的需求，最后达到金融与经济相互协调的目的。

（四）金融创新促进经济发展各地区之间存在差异性

有关研究表明，我国总体的金融创新和各个区域的金融创新水平对经济高质量发展具有不同的影响。经济发达的东部区域，其金融创新程度比其他省份和城市都要高，与中西部区域之间的差距也比较大。中部地区落后些；对于一些不太先进的西部地区来说，由于地方上的金融体制不完善，金融市场也不太完善，很难从金融创新的视角来达到经济高质量发展。为此我们应该提升金融创新的层次，让金融市场能够更优化地进行资源配置，从而让经济获得更高的生产效率和更好的发展质量。

二、展望

（一）有目标地制定金融经济政策

就拿西部地区来说，由于金融意识的觉醒比较晚，造成了市场的发展速度比较慢，相对于其他地区来说，这就造成了区域货币总量的不足，产业的运作效率低下。从这一点可以看出，货币供给的规模是一个很重要的因素，要根据西部地区的具体发展情况来调整货币供给，就必须制定更具针对性的财政经济政策。首先，要根据当地实际情况制定相应的政策。中国人民银行对各区域的发展情况进行实地考察，并针对各区域的特色，制定相应的财政和经济政策。例如，有差别地设定存款准备金率和再贴现率，对某些经济不发达的地区，可以采取一定的政策激励措施，以激发投资热情。再比如税收优惠，促进地方经济的发展。其次，放松权力，赋予更多的自主权。人民银行赋予地方银行更多的自主权，让地方银行在实践中有更多的施展余地，加大对金融创新的投资力度，增加符合地方实际情况的金融产品开发力度，实现有目标地政策执行，促进该地区的金融创新，促进该地区经济的持续稳定。

（二）提高金融创新与经济高质量发展之间的协调性

要解决我国区域之间的发展问题，最重要的是要实现区域之间的协调发展，要根据实际情况进行改革创新。将东部地区作为一个例子，一方面，因为它的金融业发展程度和经济质量都处于全国前列，所以在改革的过程中，更要充分发挥这两个方面的引导作用，建设区域性金融创新中心，发挥辐射作用，让东南沿海的金融资源能够向西部的金融市场流动，给金融创新以科学的引导，完善西部地区的金融市场体系，促进产业和市场的合理化，促进经济的高质量发展。另一方面，东部地区应该面对自己的现实，认识到自己的优势，扩大自己的融资渠道，引导资金投向欠发达地区，为欠发达地区的经济发展提供支持，使金融创新与经济高质量发展更加协调一致。作为一个典型案例，西部地区在金融创新、经济发展水平等方面需要突破和提升。西部地区应把握机会，与其他优势地区加强合作，进行自我改造，提高自己，促进区域经济的迅速发展，保障区域之间的经济质量和金融创新的协调发展。举例来说，对我国西部地区的情况进行实地考察，并建立发展银行，主要是政策上的支持，其次是资源上的支持，在西部地区，率先对金融机构的管理模式进行创新，对金融基础设施进行完善，并将其扩展到更大的经营范围，对金融活动进行创新，从而提升居民的参与热情，提高金融市场的运作效率，提高资源配置的效率，提高经济发展的质量。

（三）完善金融体系

为了与我国当前的现实状况相契合，各个地区之间的金融创新体制都需要持续地进行改革与发展，从而缩小区域之间的金融与经济发展质量的差距，发达城市需要持续发挥自己的辐射作用，促进周围城市的发展，最后通过整个城市圈来带动乡村的发展，从而在本地区保持金融创新与经济高质量发展之间的和谐，以达到全面小康的目标。对于地方政府来说，应扩大视野，多向发展，尤其是对中小企业，应进一步降低融资费用，加强对其的支持，例如，在疫情的冲击下，产生了场地共享、设备共享、员工共享平台等，可以适当帮助中小企业，扩大区域内中小企业的规模和数量，这样所衍生出来的工作，一方面可以缓解地区劳动力过剩的压力，另一方面还可以提高地区居民的总体收入，从而促进经济高质量的发展。

（四）营造理性的竞争环境

提高科学性，推进透明度和公平性，让合作体系更加合理化。金融创新可以让经济高质量发展变得更有活力，它可以让多个方向的投资被合理分配，从而为经济高质量发展提供强大的支持。混乱无序的经济环境必然会引起金融业的混乱，从而引起资产价格的暴涨，进而引发全球性的金融危机。所以，金融创新的多方主体，比如银行、信托公司、基金公司等，在面对当前经济大环境的制约因素时，要进行理性地思考，听取各方的意见，在追求经济收益的时候，要将绿色生态考虑进去。在对某些收益率较高的金融产品进行投资的时候，要对风险和收益进行合理地评估，金融机构和投资者之间要保持诚信，这样才能让金融创新和经济质量既相互促进，又相互制约，最终达到区域协调发展的目的。

第六章　供给侧结构性改革与区域经济高质量发展研究

本章为供给侧结构性改革与区域经济高质量发展研究，主要从四个方面进行了阐述，分别为供给侧结构性改革的历史进程、供给侧结构性改革与区域经济高质量发展相关概述、供给侧结构性改革发展过程中遇到的问题、供给侧改革的策略。

第一节　供给侧结构性改革的历史进程

在过去的几十年里，中国经济发展取得了巨大成就。这些成就离不开对国民经济系统运行进行宏观调控的有效管理。随着时间的推移，我们逐渐认识到单纯追求 GDP 增长已经不能满足人民日益增长的需求和期望。因此，我们不断探索和完善宏观调控的目标理念、手段和方式。在这个过程中，我们实施了许多不同的宏观调控政策，以适应经济社会发展的不同阶段。通过历史回顾，我们可以更加清晰地认识和把握需求侧管理和供给侧管理的实践问题。同时，我们也可以通过总结经验，更加科学地推进供给侧结构性改革。

宏观调控是国民经济管理中不可或缺的一部分。我国始终坚持以人民为中心的发展思想，在宏观调控中注重平衡经济增长和社会发展，以及区域发展的不平衡问题。我们也在不断创新宏观调控手段，如货币政策、财政政策、产业政策等，以应对各种经济风险和挑战。当前，我们正处于供给侧结构性改革的关键时期。通过加强宏观调控，可以更好地推进这一改革，促进经济高质量发展。同时，也需要注重需求侧管理，在满足人民日益增长的消费需求的同时，鼓励创新和提高生产效率，推动经济转型升级。

总之，宏观调控是国民经济管理的重要组成部分。我们需要不断完善和创新宏观调控手段，以适应经济社会发展的变化和需求。通过历史回顾和总结经验，我们可以更好地把握宏观调控的实践和方法，推动经济高质量发展。

一、计划经济时期的宏观调控

计划经济时期是指国家对经济进行全面控制和调节的时期。在这个时期，宏观调控起着至关重要的作用。

首先，计划经济时期的宏观调控主要包括货币政策、财政政策和价格政策等方面，其中，货币政策主要是通过控制货币供应量和利率来影响经济运行。财政政策则是通过调整税收、支出和债务等手段来实现宏观调控目标。价格政策则是通过国家对商品价格的干预来保证市场稳定。

其次，计划经济时期的宏观调控还包括对产业结构和区域发展的调整。国家通过制定五年计划来规划全国经济建设，确定各个行业的发展方向和重点领域，并采取相应政策措施来促进产业升级和优化布局。同时，国家还通过对不同地区的投资和资源配置进行调整，促进经济发展的均衡性和协调性。

在计划经济时期，宏观调控起到了重要的作用。一方面，它保证了国民经济的稳定运行和快速增长；另一方面，它也存在一些问题和不足。例如，由于国家对经济的全面控制，市场机制得不到充分发挥，进而出现资源配置效率低下、生产成本高昂等问题。

此外，在计划经济时期，宏观调控还存在着信息不对称、政策执行难度大等问题。由于信息不对称，国家往往难以准确把握市场需求和供给情况，导致政策执行效果不佳。同时，政策执行难度大也会影响宏观调控的效果。

总之，在计划经济时期，宏观调控是国家经济发展的重要手段。虽然存在一些问题和不足，但它对于保证国民经济的稳定运行和快速增长起到了至关重要的作用。随着时代的变迁，计划经济已逐渐被市场经济所取代，但宏观调控仍然是国家经济管理的重要组成部分，对于促进经济发展和保持市场稳定仍具有不可替代的作用。

二、计划经济向市场经济过渡时期的宏观调控

在计划经济向市场经济转型的过程中,宏观调控是非常重要的一环。由于市场经济具有自我调节和自我平衡的特点,因此政府应该采取适当的宏观调控手段,引导市场经济的发展方向,保持经济稳定和可持续增长。

首先,在计划经济向市场经济转型的过程中,政府逐步放弃对企业的直接干预和管理。这意味着政府逐步取消价格管制和计划经济体制下的行政命令,让市场机制自主运作。但是,在市场经济初期,由于市场机制不完善、信息不对称等问题,政府仍然需要适当地进行宏观调控。

其次,政府采取货币政策和财政政策相结合的方式,进行宏观调控。货币政策主要包括利率、汇率和货币供应量等方面的调节,以达到稳定物价、促进经济增长和维护金融稳定的目标。财政政策则是通过税收和支出来影响经济运行,以实现宏观调控的目标。例如,在市场经济初期,政府通过减税、增加支出等方式来刺激经济增长;而在通货膨胀压力较大时,则需要采取紧缩的财政政策。

此外,政府加强对市场经济的监管和调节。在市场经济中,存在着信息不对称、垄断等问题,这些问题会影响市场机制的有效运作。因此,政府加强对市场竞争环境的监管,防止垄断行为的出现,并且保证消费者权益得到保护。同时,政府还加强对金融市场的监管,防止金融风险的出现。

最后,政府注重社会公平和可持续发展。在市场经济中,存在着收入分配不均、资源浪费等问题。因此,政府需要采取措施来促进社会公平和可持续发展。例如,通过税收调节来实现收入再分配,加强环境保护等方面的监管。

三、社会主义市场经济体制下的宏观调控

随着市场经济的发展,宏观调控成为国家经济管理的重要手段。在社会主义市场经济时期,政府积极通过宏观调控来维护社会稳定和促进经济发展。

首先,宏观调控的目标是保持经济增长的稳定性和可持续性。政府通过调整货币政策、财政政策和产业政策等手段来实现这一目标。例如,当经济出现通货膨胀时,政府采取紧缩型货币政策来抑制通货膨胀,保持物价稳定;当经济增长缓慢时,政府采取扩张型财政政策来刺激经济发展。

其次，宏观调控考虑社会公平和可持续发展。在市场经济中，一些企业出现垄断或者不公平竞争的情况，政府通过产业政策来调整市场结构，保证市场公平竞争。同时，宏观调控还考虑环境保护和资源利用的可持续性，避免经济发展对环境造成过度破坏和资源浪费。

最后，宏观调控根据市场情况进行灵活调整。市场经济的特点是变化快速、不确定性大，政府及时了解市场动态并采取相应的宏观调控手段。同时，政府还与企业和社会各方面保持沟通和合作，共同推动经济发展。

总之，市场经济时期的宏观调控是国家经济管理的重要手段。政府根据市场情况和社会需求来制定相应的宏观调控政策，以维护社会稳定、促进经济发展和保障公平竞争，同时还考虑环境保护和资源利用的可持续性。在实践中，政府灵活调整宏观调控手段，并与企业和社会各方面保持沟通和合作，共同推动经济发展。

四、后危机时代的宏观调控

随着全球经济的不断发展，宏观调控已成为各国政府重要的经济管理手段。然而，在金融危机后，宏观调控也面临着新的挑战和变化。

首先，由于全球化趋势加强，各国之间的经济联系更加紧密，宏观调控要求更多的国际协调和合作，例如，在全球金融危机期间，各国政府采取联合行动来稳定市场和防止经济崩溃。

其次，随着数字化技术的发展，宏观调控更多地关注数字经济和新兴产业的发展。政府制定相应的政策来促进数字化转型和创新，以推动经济增长。

另外，宏观调控更加注重可持续发展。在过去，经济增长往往是以牺牲环境为代价的，但现在人们越来越意识到环境保护和可持续发展的重要性。因此，政府制定更加环保和可持续的经济政策，以实现经济增长与环境保护的平衡。

最后，宏观调控还需要更多地关注社会公平和人民福祉。政府需要通过税收、社会保障等措施来促进贫富差距的缩小，提高人民的生活水平和幸福感。

总之，后危机时代的宏观调控更多地考虑国际协调、数字化转型、可持续发展和社会公平等因素。政府制定更加全面、科学的经济政策，以应对新时代的挑战和变化，实现经济稳定和可持续发展。

五、新时代的宏观调控

随着我国经济的快速发展，宏观调控也成为一个重要的话题。自2015年以来，我国政府开始实施一系列新的宏观调控政策，旨在促进经济增长、稳定就业和防范风险。党的二十大报告提出，要"健全宏观经济治理体系，发挥国家发展规划的战略导向作用，加强财政政策和货币政策协调配合"[①]，为新时代的宏观调控指明了方向。

首先，我国政府加大了财政支出力度，通过增加基础设施建设、扶持民营企业等方式来刺激经济增长。同时，也采取了一系列减税降费措施，为企业减轻负担，提高市场活力。

其次，我国政府加强了货币政策的调控。通过降低存款准备金率、引导银行信贷投放等方式来增加市场流动性，促进经济发展。同时，也采取了一系列措施来防范金融风险，如加强对影子银行、互联网金融等领域的监管，防范资产泡沫和债务风险。

此外，我国政府还加强了对房地产市场的调控。通过限制购房人数、提高首付比例等方式来遏制房价上涨，并且鼓励租赁市场的发展，以满足人们住房需求。

总体来说，新时代的宏观调控政策更加注重稳定和可持续性。我国政府在促进经济增长的同时，也注重防范风险、保障民生。未来，我们相信我国政府将继续加强宏观调控，推动经济高质量发展。

第二节　供给侧结构性改革与区域经济高质量发展相关概述

一、问题的提出

"供给侧改革"提出始于2015年11月的中央财经领导小组第十一次会议，同年同月中央四次提及供给侧改革。2015年12月，中央经济工作会议正式提出供给侧结构性改革，我国供给侧结构性改革正式拉开帷幕。在此之后，2016年和

---

① 习近平.高举中国特色社会主义伟大旗帜　为全面建设社会主义现代化国家而团结奋斗——在中国共产党第二十次全国代表大会上的报告[J].创造，2022，30（11）：6-29.

2017年中央经济工作会议及政府工作报告、国家"十三五"规划、十九大报告等重要文件多次提及供给侧结构性改革，供给侧结构性改革逐渐成为中国经济工作的主线，也成为经济社会各界热议和研究的话题。

我国长期以来采用需求管理的手段来进行宏观调控，主要依靠投资、消费和出口拉动中国经济。在良好的国际和国内环境下，我国经济保持了30多年两位数左右的高速增长。然而，自2008年世界金融危机以来，全球经济环境发生了重大变化。从外部环境看，世界经济总体增长乏力、复苏疲弱，国际大宗商品价格下跌明显，导致产能过剩。在这种"疲态"的背景下，我国贸易出口受到了严重影响。2011年至2014年，净出口需求对经济增长的平均贡献率为负值，这意味着我国已经建立起来的出口导向型经济受到了严重挑战。从国内环境看，"四万亿"投资虽然托住了经济增速下滑的趋势，但也带来了一系列待消化问题，如房地产库存增加、建材钢铁行业产能过剩等。此外，虽然消费对经济增长贡献率明显加大，但消费结构发生了明显变化。社会主要矛盾也发生了根本性的转变。市场上大量低端产品出现产能过剩，而部分高端产品供给严重不足，导致"海淘"马桶盖、电饭锅等现象的出现。同时，一些事件如"中兴芯片"事件也引起了人们对于中国经济的关注。可以看出，当前我国经济总体上存在一些问题，其中最突出的是结构性矛盾问题。以需求管理为主的国民经济管理方式已经不能很好地适应当前经济社会发展的需要。在这种情况下，我们需要采取更加灵活、多元化的宏观调控手段，以促进经济结构的优化和转型升级。同时，我们也需要加强内部改革和创新，推动科技进步，提高生产效率和质量水平，从而增强我国经济的竞争力。

此外，在应对国际环境变化的过程中，我国也需要加强与其他国家的合作，推动全球经济的稳定和发展。我国可以通过深化改革开放、扩大内需、加强创新等措施来应对当前面临的挑战，并为未来经济发展奠定更加坚实的基础。

在经济发展进入新常态的背景下，推进供给侧结构性改革成为一项重大创新。这是我们主动选择适应国际金融危机后综合国力竞争新形势的举措之一。同时，这也是适应我国经济发展新常态所必须要采取的措施之一。通过推进供给侧结构性改革，我们可以优化经济结构，提高生产效率和质量，增强企业竞争力和创新能力。这不仅有利于实现经济持续健康发展，还能够为人民群众提供更好的生产生活条件。因此，推进供给侧结构性改革已经成为中国经济发展的必然选择。

基于上述原因，我国提出供给侧结构性改革，并开始推进实施。在这个过程中，我们深入贯彻落实创新、协调、绿色、开放、共享的新发展理念，加强政策协同和制度创新，推动市场化、法治化、国际化改革，促进产业升级和转型升级。同时，我们还加强科技创新和人才培养，提高企业的自主创新能力和核心竞争力。

在全面深化改革的大背景下，推进供给侧结构性改革是一项重要的任务。我们坚持以市场为导向，以需求为导向，加强供给侧结构性改革的顶层设计和系统集成，推动各领域、各方面的改革落地生根。同时，我们还注重区域协调发展，在不同地区实施差异化的供给侧结构性改革，促进各地经济协同发展。此外，我们加强对中小企业和新兴产业的支持，推动创新驱动发展。

实施两年多、在具体工作上取得了一定成效，截至2018年，"三去一降一补"五大任务量化指标大部分完成。但经济结构调整仍旧任重而道远，民生领域短板较多，金融风险广泛存在，推进供给侧结构性改革非常艰巨。国内的专家学者正在对供给侧结构性改革进行理论和实证方面的研究。在理论研究方面，大多数研究都是从西方供给学派思想出发，寻找其理论依据。然而，这种方法并不能完全支撑我国供给侧结构性改革的内涵和实质。在实证研究方面，目前开展的研究较少，相关指标和模型建立也比较困难。这意味着我们需要更多的实证研究来支持供给侧结构性改革的实施。同时，我们需要建立更多相关指标和模型，以便更好地评估供给侧结构性改革的效果。此外，目前对我国供给侧结构性改革某一方面的研究较为广泛，但系统性的研究却相对较少。因此，我们需要更多全面、系统性的研究来深入探讨供给侧结构性改革的各个方面，以便更好地指导实践和推进改革。

为了推动我国供给侧结构性改革，促进科学发展，我们以问题为导向，开展以下三方面的研究：首先，通过综述研究和理论构建，探索我国供给侧结构性改革的理论基础和依据；其次，研究制定推进我国供给侧结构性改革的总体路径和具体任务路径；最后，建立我国供给侧结构性改革与高质量发展之间的关系，并提出政策建议以进一步推动我国供给侧结构性改革，促进我国经济实现高质量发展。

二、中国供给侧结构性改革的内涵

（一）中国供给侧结构性改革的实质

我国的供给侧结构性改革可以从三个方面来理解：供给侧、结构性和改革。

第一，从国民经济运行的角度看，供给侧关注社会总产出和总供给，研究怎样满足需求。这不仅涉及数量问题，还包括质量问题。同时，供给侧也需要考虑供需匹配的数量和结构问题。从形式上看，供给侧不仅包括物质产品，还包括服务产品；不仅包括最终产品，还包括中间产品。从国民经济管理的角度看，供给侧是相对于需求侧而言的，指劳动力、资本、土地等自然资源以及技术创新等生产要素的供给数量和结构。目前我国供给侧存在两个主要问题：一方面是有效和中高端供给不足，无法满足需求；另一方面是无效和低端供给过剩，挤占了资源和生产要素，无法实现全要素资源配置的帕累托最优。这两个问题相互作用，导致供给结构和体系与需求之间存在矛盾。因此，我国需要进行供给侧结构性改革来解决这些问题。

第二个是结构性问题。这种问题导致了我国经济循环不畅，因为供给和需求之间的匹配不够高效。它涉及宏观结构方面的问题，如产业结构、区域结构、投入结构、排放结构、经济增长动力结构和收入分配结构等，也包括微观结构方面的问题，例如区域内具体产业结构和产业中具体区域分布结构等。本书的研究重点关注了一些供给无法满足需求的结构性问题，如钢铁、煤炭等产能过剩行业的产能结构、房地产行业的库存结构、我国宏观税负结构、企业成本负担结构、我国宏观经济杠杆结构以及民生、基础设施建设和"三农"等领域的问题。这些问题都涉及结构性失衡和供需矛盾等方面。

第三个问题是改革。这种改革旨在对原有资源要素配置扭曲、束缚资源供给以及供给结构展开体制机制上的改革。总体来说，它要求我们改革政府职能，发挥市场在配置资源中的决定性作用，重点解决人民日益增长的美好生活需要和不平衡不充分发展间的矛盾。当下改革内容重点涵盖以下几点：（1）去除低端与过剩产能，把资源集中于高端供给。（2）清理房地产库存。（3）控制不同部门杠杆率，提高宏观调控能力，降低企业负担，控制金融风险。（4）降低企业成本负担，激发企业活力。（5）增加民生领域、基础设施建设领域、"三农"领域投入。改革是一种途径、手段、理念和思维方法，上述任务与目标均要通过改革来实现。

（二）满足需求是我国供给侧结构性改革的最终目的

供给侧结构性改革是我国经济发展的重要战略，其最终目的是满足人民群众对于优质生活的需求。在过去几年中，我国经济已经从高速增长阶段转向了高质量发展阶段，这就需要我们更加注重满足人民群众的需求。

满足需求是供给侧结构性改革的最终目的。这意味着我们需要更加注重消费者和市场，以满足他们对于优质生活的需求。在过去几年中，我国经济已经取得了很多成就，但同时也面临着一些挑战。例如，消费升级需要更多高品质、个性化的产品和服务；环保意识的提高需要更加绿色、可持续的生产方式；老龄化社会需要更多医疗、养老等服务。只有通过加强市场调节作用、推进技术创新、优化产业结构和加强环保治理等措施，才能实现经济发展与社会需求的有机结合，为人民群众提供更加优质、便捷的生活服务。这也是中国经济发展的必由之路，我们需要不断探索和创新，在实现高质量发展的同时，满足人民群众对于美好生活的向往。

（三）提高供给质量是我国供给侧结构性改革的主攻方向

我国供给侧结构性改革是当前经济发展的重要战略，其主攻方向之一就是提高供给质量。这一方向的实施对于推动经济转型升级、增强国家竞争力具有重要意义。

在提升供给质量方面，我国供给侧结构性改革采取了多种具体措施。首先，加强技术创新和研发投入，推动产业升级和转型。其次，优化供给结构，促进消费升级和服务业发展。同时，加强环境保护、资源节约等方面的政策支持，提高生产效率和资源利用率。

此外，我国供给侧结构性改革还注重推动市场化、法治化等方面的改革。通过深化国企改革、加强知识产权保护等措施，提高市场竞争力和创新能力。同时，加大监管和执法力度，保障市场公平竞争和消费者权益。

这些措施的实施，不仅有助于提高供给质量，还能够促进经济结构优化升级、推动产业转型发展。同时，也能够加强环境保护和资源利用效率，为可持续发展打下坚实基础。总之，提高供给质量是我国供给侧结构性改革的主攻方向之一。通过加强技术创新、优化供给结构、环境保护和市场化等多种措施，不仅能够提高经济效益和竞争力,还能够促进可持续发展和社会福利的提升。这一方向的实施,将为中国经济的长期健康发展奠定坚实基础。

(四)深化改革是我国供给侧结构性改革的根本途径

深化改革是我国供给侧结构性改革的根本途径。在当前经济形势下,我们需要从产业、要素、制度这几个方面着手推进改革。

首先,我们需要加强产业结构调整。通过优化产业布局和提高技术水平,实现传统产业向高端制造业、服务业等新兴产业的转型升级。同时,加强对中小企业的支持和培育,促进创新创业,推动经济发展向更加可持续、高质量的方向发展。

其次,我们需要优化要素配置。通过改革土地、劳动力、资本等要素的流动性和配置效率,提高资源利用效率和生产效率。例如,推进农村土地制度改革,加快城乡一体化发展,促进人口、资金、技术等要素在不同地区之间的自由流动。

最后,我们需要深化制度改革。通过完善市场机制、加大监管和执法力度,打破垄断和不合理的规定,促进市场竞争和公平竞争。同时,推动政府职能转变,减少行政干预和过多的管理,让市场在资源配置中起决定性作用。

三、我国供给侧结构性改革与经济高质量发展关系

我国的供给侧结构性改革与经济高质量发展之间的关系可以通过总需求和总供给模型进行理论论证。这种分析方法可以利用"结构性供需矛盾"模型,来探讨我国经济中存在的问题。

一般而言,总需求是指经济社会对所有产品和劳务的总需求量,用产出水平来表示。它由消费、投资、政府支出以及国外需求四个方面组成。如果不考虑国外需求,则总需求是在收入、价格和其他相关经济变量一定的假设条件下,家庭、企业和政府所有要支出的总量。因此,总需求计算的是各个经济主体支出的总量。总需求曲线则表示国民收入与价格水平之间的关系,说明在某一特定价格下,经济社会需要生产多少产品。而总供给则是由经济社会所投入的各种资源带来的总产量。总供给曲线则表示国民收入与价格水平之间的关系,说明在某一特定价格下,经济社会能够生产多少产品。这两个曲线的交点即为市场均衡点。

通过总需求和总供给模型,我们可以发现我国经济中存在着结构性供需矛盾问题。具体来说,我国经济中供给侧结构性问题表现为生产能力过剩、资源配置

不合理等方面，而需求侧结构性问题则表现为消费升级、服务业发展不足等方面。这些问题导致了总需求和总供给之间的失衡，影响了经济高质量发展。通过总需求和总供给模型的分析方法，我们可以理论论证我国供给侧结构性改革与经济高质量发展之间的关系。这种分析方法有助于我们深入了解我国经济中存在的问题，并提出相应的解决方案，推动经济持续健康发展。

如图 6-2-1 所示，展示了一个经济稳定状态的模型，其中横轴 Y 代表产量，纵轴 P 代表价格水平。当总需求曲线 AD 和总供给曲线 AS_0 相交于 E_0 点时，产量处于均衡的水平 Y_0，价格为 P_0，经济处于稳定状态。然而，这种稳定状态的实现需要满足一个基本的隐含条件：总供给结构与总需求结构是一致的。如果总供给结构和总需求结构不一致，就会出现"结构性供需矛盾"，即总供给过剩和总需求抑制同时并存的情况。在这种情况下，部分供给是无效的，同时也有一部分需求得不到满足。

如图 6-2-1 所示，AS_1 为有效供给曲线，与总需求曲线 AD 相交于 Y_0 点，此时经济社会实际的供给总量为 Y_1，其中有效的供给总量为 $Y_1—Y_0$。这部分无效结构性供给也可以称为短缺结构性需求。因此，只有当总供给结构和总需求结构一致时，经济才能实现稳定状态，否则就会出现结构性供需矛盾。换句话说，经济的稳定需要总供给和总需求之间的平衡。当总供给和总需求之间存在不平衡时，就会出现结构性供需矛盾，导致部分供给无效、部分需求得不到满足。因此，为了实现经济的稳定和可持续发展，需要不断调整和优化总供给结构和总需求结构，以达到平衡和协调。

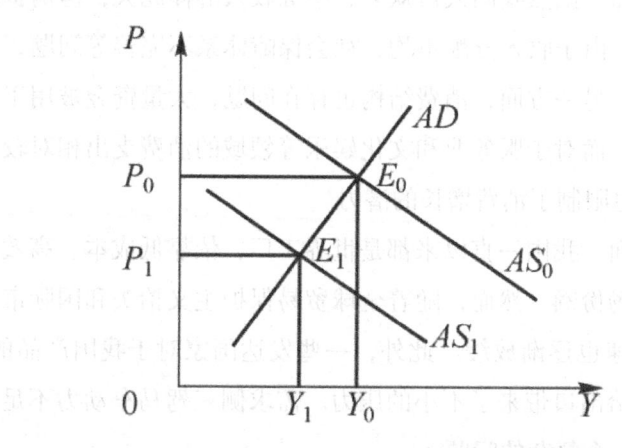

图 6-2-1 供给侧结构性改革中的结构性供需矛盾

"结构性供需矛盾"是一个复杂的问题,不能简单地通过调节需求或一般的供给来解决。为了有效地解决这个问题,需要进行供给侧的结构性改革。如果仅仅压制需求,会导致 $Y_1—Y_0$ 的供给浪费;而即使通过进口满足总需求,仍然会出现 $Y_1—Y_0$ 的供给浪费。因此,唯一可行的解决方案是将生产 $Y_1—Y_0$ 这部分产品的资源进行结构性转移,用其生产满足相应结构性需求的产品。这样可以实现"变废为宝",把无效供给转化为有效供给,从而实现总需求和总供给在 Y_1 下的新的均衡。这种转变将有助于经济发展由低质量向高质量转型升级。

第三节 供给侧结构性改革发展过程中遇到的问题

一、需求侧"三驾马车"动力不足,拉动经济增长吃力

近年来,我国经济增长的动力不断减弱,其中需求侧三驾马车——投资、消费和出口也面临着动力不足的问题。这种情况下,拉动经济增长变得异常困难。

首先是投资方面。在过去几十年里,我国一直以来将高速度的投资作为经济增长的主要驱动力。然而,随着国内外环境变化和政策调整,投资增速逐渐放缓,尤其是近年来,由于去杠杆、防范金融风险等政策的实施,许多企业面临融资难题,导致投资意愿下降。同时,一些传统产业已经过剩,新兴产业发展还不够成熟,这也限制了投资的增长。

其次是消费方面。虽然我国人口众多、中等收入群体庞大,但消费增速却不尽如人意。一方面,由于收入分配不均、社会保障体系不完善等问题,许多人的消费能力受到限制。另一方面,消费结构也存在问题,大量资金被用于购买房产和汽车等大宗商品,而对于服务业和文化娱乐等领域的消费支出相对较少。这种消费结构的不合理也限制了消费增长的潜力。

最后是出口方面。我国一直以来都是世界工厂,依靠低成本、高效率的生产模式赢得了国际市场份额。然而,随着全球贸易保护主义抬头和国际市场竞争加剧,我国的出口增速也逐渐放缓。此外,一些发达国家对于我国产品的反倾销、贸易壁垒等措施也给出口带来了不小的压力。需求侧三驾马车动力不足,拉动经济增长吃力,这是一个复杂的问题。

二、需求侧管理造成结构性问题

需求侧管理是指政府通过调控消费和投资来影响经济增长的方式。然而,这种管理方式也会带来一些结构性问题。

首先是产能过剩。随着经济的发展和市场竞争的加剧,企业在生产和销售方面都需要更加精细化、高效化。然而,在这个过程中,很多企业却陷入了一个尴尬的境地,即产能过剩问题。产能过剩是指企业生产的产品或提供的服务超出市场需求,从而出现库存积压、销售不畅等问题。这种情况下,企业往往会采取降价促销、增加广告宣传等手段来刺激消费者购买,但这些方法只是暂时性的解决方案,无法从根本上解决产能过剩问题。长时间需求侧管理积累了不少结构性问题,其中一个重要原因是企业在生产和销售方面缺乏精细化、高效化的管理。很多企业在扩大生产规模时,没有充分考虑市场需求和竞争情况,导致生产出的产品无法得到消费者认可。此外,一些企业在生产过程中存在着资源浪费、能源消耗等问题,也加剧了产能过剩的现象。

其次是通货膨胀。随着经济的发展,人们对生活质量的要求越来越高,消费水平也不断提升。为了满足人们的需求,政府和企业采取了一系列措施来促进经济增长和消费升级。然而,这些措施也带来了一些负面影响,其中之一就是通货膨胀问题。需求侧管理是指通过调节消费者的需求来影响市场供求关系和价格水平的政策手段。在实践中,政府和企业采取了多种方式来进行需求侧管理,如提高消费者信心、增加消费者收入、降低利率等。这些措施可以刺激经济增长和促进消费升级,但也可能导致通货膨胀问题。首先,需求侧管理会刺激消费需求的增加,从而导致市场供求关系失衡。当消费需求大于市场供给时,价格就会上涨,从而引发通货膨胀问题。例如,在房地产市场中,政府通过放松购房限制、降低贷款利率等措施来刺激消费需求,但这也导致了房价的快速上涨,进而引发了通货膨胀问题。其次,需求侧管理可能会导致生产成本的上升。当消费需求增加时,企业为了满足市场需求,需要增加生产规模和投入成本。这些额外的成本最终会转嫁给消费者,从而导致价格上涨和通货膨胀。例如,在汽车市场中,政府通过减税等措施来刺激消费需求,但这也导致了汽车生产成本的上升,最终转嫁给了消费者。此外,需求侧管理还可能会引发投机行为。当政府或企业采取措施刺激消费需求时,一些投机者可能会利用这个机会进行炒作,从而导致价格的快速上涨。例如，在股票市场中，政府通过降低利率等措施来刺激消费需求，但这也引发了一些投机者的炒作行为，导致股票价格的快速上涨，最终引发了通货膨胀问题。因此，需求侧管理虽然可以促进经济增长和消费升级，但也可能带来通货膨胀等负面影响。政府和企业在采取需求侧管理措施时，需要注意平衡市场供求关系和价格水平，避免过度刺激消费需求。同时，也需要加强监管力度，防范投机行为的发生。

最后是寻租问题。需求侧管理是指政府通过调控市场需求来实现资源配置的一种手段。在这种模式下，政府会制定各种规定和标准，以引导市场行为。然而，在实践中，需求侧管理也存在着一些问题，其中最突出的就是寻租问题。寻租是指在市场经济中，某些人或组织通过非法手段获取利益的行为。需求侧管理往往会导致寻租问题的出现，因为政府制定的规定和标准可能被一些企业或个人利用来谋取私利。首先，需求侧管理可能会导致市场上的垄断行为。政府通过制定规定和标准来引导市场需求，但是这些规定和标准往往会被一些大型企业利用来限制竞争，从而形成垄断地位。这些企业可以通过控制市场价格、降低产品质量等手段获取更高的利润，而消费者则只能被迫接受高价低质的产品或服务。这种垄断行为不仅损害了消费者的利益，也阻碍了市场经济的正常运转。其次，需求侧管理可能会导致政府官员和企业之间的勾结。政府制定的规定和标准往往需要企业进行认证或者申请批准，这就为一些不法企业提供了寻租的机会。这些企业可以通过行贿、送礼等手段来获取政府官员的支持，从而获得更多的利益。这种勾结关系不仅损害了公共利益，也破坏了市场经济的公正性和透明度。最后，需求侧管理可能会导致政府资源的浪费。政府制定规定和标准需要耗费大量的人力、物力和财力，而一些不法企业可以通过行贿等手段来获得豁免或者减少审批时间，从而浪费了政府的资源。这种现象不仅会导致政府效率低下，也会让公众对政府的信任度降低。因此，需求侧管理在实践中需要注意防范寻租问题。

三、需求侧管理与供给侧管理作用不平衡

在宏观经济学中，需求侧管理也叫"稳定化政策"。当经济形势不佳时，采取扩张性的财政和货币政策来刺激总需求增加，以促进国民收入的增长。而当经济过度发展，甚至出现泡沫时，采取紧缩性的财政和货币政策来防止过剩产能的

第六章 供给侧结构性改革与区域经济高质量发展研究

出现，避免经济停滞。相比之下，供给侧管理则从供给侧出发，认为提高生产效率可以促进总需求增加。如果整个社会的生产能力得到提升，总供给也会随之增加，市场在自我调节下达到均衡状态，国民收入自然而然地增长。因此，利用财政和货币政策刺激总需求可能是多余的。供给侧管理的目标是提高各种生产要素的效率。为了实现这一目标，可以采取多种手段和措施。例如，政府可以将一些权力下放给企业，降低权力寻租的可能性，使资源能够合理配置，避免浪费。此外，进行农地制度改革、加快农地经营权流转制度的建设、完善相关法律法规等措施也可以提高农业生产效率，实现规模化经营和农业现代化生产。总的来说，需求侧管理和供给侧管理都是宏观经济政策的重要组成部分。在不同的经济形势下，采取不同的政策手段来促进经济发展和稳定。需求侧管理主要关注总需求的增长，通过财政和货币政策来实现；而供给侧管理则从提高生产效率出发，认为这可以促进总需求的增加。

需求侧管理可以有效控宏观经济的逆经济周期问题，不过想要利用供给侧调整逆经济周期问题是非常困难的。在较为常见的供给侧管理工具，如金融改革、简政放权、降低税收等当中，仅有降低税收这个工具可以在经济处于低迷状态时调节逆经济周期。在国家的经济处在下行状态的情况下，如果这个国家的经济存在供给侧结构性障碍问题，那么政府就可以针对问题展开供给侧改革，降低政府给予的行政干预，健全市场经济运行机制，从而提高微观经济主体在经济活动当中的主动性。但是假如国家经济处在高涨状态，经济泡沫逐步变大，那么供给侧管理是很难实现的，原因是供给侧管理所重视的是让市场有效供给带来有效需求，而政府方面则不干预产品供给与需求。假如经济处在过弱状态之时进行政府干预的话，会破坏市场机制的正常运行。当前我国经济处在下行区，政府在配置资源当中拥有很大权力，在市场机制实践当中存在很多问题，在这个情况下开展供给侧结构性改革能够有效调动市场发展活力，提高经济增长水平。

目前我国经济发展面临着诸多问题，其中供给侧问题表现得尤为突出。产品供给结构扭曲，市场上有大量无效供给，有效产能存在明显缺陷。需求管理无法有效解决当前供给侧方面的问题。从很大程度上看，长期进行需求管理是导致供给侧失衡的原因之一。政府对经济进行需求管理必然会干预市场经济，从而出现产能过剩等问题。很多地方政府为了当地经济发展大量投资，但这些企业常常低效、高污染，且由于是政府投资的，即使不能盈利也会得到财政支持，导致无效产能一直存在。要解决这些问题，必须进行结构性改革。加强供给侧改革，适度放松政府对经济的管制和监控，让低效率、高污染的企业顺利退出市场，才能消除无效产能。政府简政放权也能够降低企业成本，提高企业投资生产的积极性，推动经济发展。同时，有效供给不足也是一个问题。即便一些企业能够提供满足消费者需求的产品和服务，但如果这些企业受到某些政府部门既得利益的限制，就会导致供给不足。因此，政府应该放宽管制和监控，让企业更加自由地开展业务。这样一来，企业将有更多动力满足消费者需求，并提供有效的产品和服务。

四、权利在供给侧发力加大经济增长

为了促进经济增长和实施宏观经济总量调控，我们可以从需求侧和供给侧两个方面入手。需求侧管理这个概念源于凯恩斯主义的思想，即通过调节宏观经济中的需求来达到促进经济增长的目的。在需求侧管理中，常见的经济政策包括财政政策和货币政策。通过增加政府购买和政府投资、减少税收等手段来扩大总需求；通过增加货币供给、降低市场利率等方式来促进私人投资。这些需求侧的宏观调控手段在短期内确实能够实现经济增长，但是长期采取这些措施就会出现问题。例如，美国在 20 世纪 80 年代曾经出现过经济衰退和高通货膨胀率的情况，这是由于长期进行需求侧总量调控所导致的。

凯恩斯主义中的需求理论指出需求是和总供给匹配的总需求，也就是经济当中总供给与总需求均衡时的有效需求，并基于此提出通过增加有效需求的方式来推动经济增长的一系列理论。我国结合凯恩斯理论，提出把三驾马车当作经济发展动力的模式，分别是国外产品需求、国内消费者需求、投资需求这三方面。在政府、企业、消费者三部门结构中，凯恩斯主义观点是一定时间内决定一国总供给的生产函数不变，而总供给取决于该国劳动力和资本供给量。然而，有效需求总是不足的。随着居民收入的增加，他们的边际消费倾向会逐渐降低，导致消费需求不足。同时，投资数量增多时，投资的边际收益率也会下降，从而导致投资需求不足。在供给一定的情况下，需求不足会导致一部分产品积压成存货。如果这种情况持续下去，企业将无法实现利润目标，出现裁员问题，造成失业率升高和经济发展态势整体下滑的情况。

第六章　供给侧结构性改革与区域经济高质量发展研究

在分析一国经济运行时，需要考虑净出口对国民收入的影响。净出口数量与汇率呈反向变动关系，即当汇率越高时，该国产品在国际市场上的价格也会随之升高，导致该国产品出口量下降，而外国产品价格则会下降，导致该国对外国产品的需求量上升，净出口也会下降，从而影响到该国的国民收入。这种分析方法是从需求侧对经济运行进行分析的一种方式。后来，经济学家们发展出了 AD—AS 模型来更全面地分析经济问题。这个模型也是从有效需求出发，但融合了微观经济学上的一些理论，使得整体理论更加完整。此外，弗里德曼提出了通过调节货币供给量来调控宏观经济的方法。在以出口、投资和消费为动力的经济增长理论中，也是从需求侧对经济进行总量调控。由于我国在改革开放后采取了通过出口、投资和消费"三驾马车"推动经济增长的方式，因此需要从这三个方面来分析需求侧总量调控的局限性：

第一，仅仅基于需求层面对消费进行剖析非常片面。消费既会受需求影响，又会受市场产品供给的影响。现如今不少消费者购买行为并非是消费偏好变化造成的，是在市场上出现新产品供给造成的，也就是我们所说的供给会带来需求增加的问题。在电子产品行业这样的特征是非常明显的。由于技术更新换代比较快，像手机、平板电脑、相机等新产品推出速度也很快，通常每 2 年或 3 年就会推出一代新产品。在新一代产品开发之前，消费者对该产品的需求几乎是没有的。但当新产品发布后，潜在的消费者看到广告后才产生了对该新产品的需求。因此，先有了产品供给后才产生了需求。产品供给数量的增加导致了产品需求数量的增加，但如果仅从需求侧看问题是无法得出这个结论的。从需求侧对消费品的需求进行分析，主要是提高居民收入水平，使那些原本只有购买欲望但没有购买能力的人有购买能力，从而增加有效需求。这本质上是假定目前的供给情况不发生变化，通过增加总需求来提高国民生产总值。然而，如果从供给侧出发，则新的供给将会带来新的需求。总供给量会增加，这必然会对现有消费结构产生影响，最终对宏观经济的影响是扩张性的。例如，页岩油和页岩气这些新能源一直存在，但以前的技术水平还没有达到可以安全地开采这些资源。因此，在当时这两种资源对于经济发展是没有任何价值的。然而，随着科学技术的不断进步，新工艺的出现使得这两种物质能够被安全地大量开采，并且能够在能源市场上供应。这对经济的推动作用将会非常重要。因此，仅从需求侧看问题是片面的。只有同时考虑产品供给和消费需求,才能全面分析消费行为对经济的影响。

第二,仅仅是基于需求层次进行投资的研究是缺少客观性的。按照凯恩斯理论,国民收入的计算方法是把消费、投资、政府支出与进出口相加得到的总和。因此,提高一国的投资水平可以通过投资乘数作用下大幅度增长该国的国民生产总值。为了提高微观经济主体的投资欲望,国家可以进行宏观调控,例如增加货币供给量、降低利率和企业所得税等。然而,在现实经济中刺激投资的政策并不总能达到预期效果。在我国,虽然中小微企业和高科技企业的投资意愿较强,但由于它们难以获得金融机构的资金支持,即使有很强的投资欲望也缺乏投资能力。此外,市场上缺乏好的投资机会,实体产业利润率低下,企业即使能够获得贷款,但如果融资成本大于投资回报率,它们也不会进行投资。在这种市场条件下,政府刺激投资需求的经济政策可能无法达到预期效果。因此,在制定宏观经济政策时,国家必须考虑实际微观主体层面能够完成的程度,并且要考虑各个领域的投资额是否足够。例如,在教育和科技方面,国家和政府的投资是否充分、有效。只有在投资结构和数量合适的情况下,才能实现良好的投资质量和效果。因此,国家需要从供给侧调整投资结构,以确保投资的质量和效果。除了提供微观主体所需的资金外,国家还应该创造市场上好的投资机会。在当前情况下,中小微企业融资难,市场上好的投资机会越来越少。因此,在制定宏观经济政策时,国家需要考虑如何创造更多的投资机会,以吸引企业进行投资。总的来说,仅从需求方面分析投资是不够客观的。国家在制定宏观经济政策时应该综合考虑供给和需求两个方面,并且要考虑实际情况下微观主体的投资能力和市场上的投资机会。

第三,仅仅是基于需求层面进行出口分析往往会拘泥于国贸理论框架。出口也属于消费需求当中的一个表现形式,不过该需求的来源是国外市场。伴随着世界经济一体化的推进,各个国家间的贸易往来也逐步增多。出口,在国家经济建设当中扮演的角色越来越重要,特别是对我国而言,由于在实施对外开放后要依靠消费、投资、出口这三驾马车来推动经济迅猛发展,这就导致出口在国民生产总值中占有极大比例。我国在对外开放之初,劳动力成本和资源价格较低,结合比较优势理论,在国际市场上发展劳动密集型和资源密集型产业更有优势。因此,我国生产的产品在国际市场上由于性价比高而获得了竞争优势,贸易顺差不断攀升。然而，随着泰国、越南等逐渐进入国际市场，这些国家的劳动力成本和资源价格比我国更低，我国生产的产品在国际市场上的竞争优势逐渐减弱。这些国家生产的产品正在逐渐取代我国生产的产品。因此，我国不能仅局限于比较优势理论，只从需求侧考虑国际市场需要哪些产品，而应打破思维定式，基于供给侧角度考虑我国生产哪些类型的产品能够获得高利润和竞争优势。显然，高科技的高端产品是必然选择。但是这些产品和市场被发达国家垄断着。因此，我国只有不断加大创新人才培养和科学技术方面的投资，生产高附加值的产品，提供高附加值的服务，才能在国际市场上站稳脚跟，并且扩大市场占有率。

总之，仅从需求方面对促进经济增长的动力进行分析是有很大局限性的。需求管理将经济增长的动力简单地归结为消费、投资和出口。当一个经济体有效需求不足时，通过一些政策提高消费需求、投资需求和国外市场上的需求可以促进经济增长。然而，在金融危机之后，我国经济呈现出的新特点表明，我国目前的经济下滑并不是有效需求不足造成的。单纯从需求方面进行调控已经不能刺激经济增长。因此，我国需要从供给侧入手，对供给侧进行结构性改革，才能让经济再次焕发活力。在这个过程中，我国需要注重提高产品和服务的质量和附加值，不断推进科技创新和人才培养。只有通过供给侧改革，才能实现经济结构的优化升级，提高整体竞争力。同时，在国际市场上也要积极寻求合作和开拓新市场，加强与其他国家的贸易往来，提高我国在全球价值链中的地位。

第四节　供给侧改革的策略

推动我国供给侧结构性改革是一个既要注重短期实现路径，又要探索长期高质量发展路径的过程。我们需要加强供给侧的质量和效率，促进经济结构优化和转型升级，并注重创新、协同和可持续发展等方面的要求。政府也应该加强监管，为企业提供更好的营商环境和支持政策，促进市场活力和竞争，为中小企业提供更多的扶持和引导。只有这样，我们才能够实现经济高质量发展的目标，满足人民日益增长的美好生活需求。本节重点是：根据经济高质量发展的要求提出政策建议来助推供给侧结构性改革。

一、坚持加强党对供给侧结构性改革的领导

在对中国革命以及国家建设的一系列实践进行分析后发现,必须始终坚持党对所有工作的正确领导不动摇。对此在推进国家供给侧结构性改革的过程中,也必须要把加强党的领导作为重中之重,在新时代背景下,在党的引领之下,成功解决经济建设当中的重要问题。

(一)牢牢打实理论根基

我国推进供给侧结构性改革需要有扎实的理论基础,而这个基础并非是西方供给学派经济学理论,当然也不同于供给革命理论,而是以中国特色社会主义政治经济学为理论根基,结合我党性质,只有始终坚持党的领导不动摇,才可以真正打牢改革的理论基础,依照中国特色经济理论解决中国的实际问题。

(二)找准正确方向

中国共产党始终把以人为本作为中心内容,坚持为人民谋幸福。我国供给侧结构性改革正是完成我党初心与使命的重要行动,其终极目标在于提升供给质量,充分满足需求,始终维护好群众利益,寻求经济事业的高质量发展。只有始终坚持党的正确领导,才可以完善顶层设计,为后续的供给侧结构性改革中的方针路线与政策制定指出正确方向。

(三)推动深化改革

改革是一个不断进行的过程,永远没有完成时。我们需要持续推进改革,从而有效适应社会与经济的变化。只有通过不断地创新和改进,才能实现真正的发展和进步。因此,我们必须保持警觉,并积极参与到改革中去,不断地寻求新的思路和方法,以推动改革向前发展。同时,我们也需要认识到改革是一个复杂而漫长的过程,在实践中难免会遇到各种困难和挑战。但只要我们坚定信念、勇于担当、持之以恒地推进改革,就一定能够取得成功。因此,我们应该不断地完善制度、优化政策、提高效率,以满足人民群众的需求和期望。同时,我们也需要注重改革的落实和执行,在实践中不断总结经验教训,并及时调整和修正改革的方向和策略,以确保改革取得实效。改革当中获得的经验以及成果,也必定会变成中国特色社会主义理论体系的一部分。

二、提高全要素生产率，构建高质量供给产业体系

供给侧管理的核心是强调生产要素，包括劳动力、土地、资本、制度创造和创新等方面。只有在资源配置充分有效的情况下，才能实现经济长期潜在增长。而供给侧结构性改革的主要目标之一就是提高以这些要素为主的全要素生产率。这意味着，我们需要通过优化资源配置、提高劳动力素质、加强土地管理、促进资本市场发展以及推动制度创新和技术创新等方面来实现这一目标。只有在这些方面取得积极进展，才能有效地提高全要素生产率，从而推动经济的长期稳定发展。因此，供给侧管理不仅关注短期的市场需求和价格波动，更注重长远的资源配置和结构调整。只有这样，才能实现经济可持续增长，并为人民带来更多的福祉和发展机会。

（一）实施人力资本战略

第一，实施人力资本战略，以提高人力资本水平为目标。这一战略的核心是通过教育、培训和技能提升来增强劳动者的职业素质。同时，我们也需要适时调整劳动法规，将职业培训和岗位技能培训作为劳动者从业和单位招工的必备环节。这样，我们就可以形成全职业培训体系和机制，提高劳动者的岗位灵活性、就业适应性以及劳动技能。

第二，继续推进高等教育改革，并提升职业教育的地位。在高校向应用型转型发展的基础上，我们可以加强高等教育的分类，并借鉴德国双元制教育经验，提升职业教育的比重和地位。这样一来，我们就能够增强职业教育的社会培训功能，使其更好地承担起提高劳动力质量和素质的重要任务。同时，我们也需要将劳动力质量提升延伸到高等学校，以确保未来的劳动力具备更强的职业能力和竞争力。

总之，通过实施人力资本战略和推进高等教育改革，我们可以提高劳动者的职业素质和竞争力，增强其就业适应性和岗位灵活性。这不仅有利于个人的发展，也能够促进整个社会的经济繁荣和可持续发展。因此，我们应该注重职业教育的地位和作用，建立全面的职业培训体系和机制，为劳动者提供更好的学习和成长环境。同时，政府也应该加大对人力资本战略和高等教育改革的支持力度，为其

顺利实施提供必要的政策和经济保障。只有这样，我们才能够更好地应对未来的职业挑战，推动社会进步和发展。

（二）积极推行土地制度改革

土地制度改革是推动经济社会发展的重要手段，需要全面深化。通过优化用地结构和城乡统筹，可以实现资源的合理配置和利用，促进产业升级和区域均衡发展。同时，加强耕地保护、盘活存量建设用地等措施，可以有效降低土地成本，推动过剩产能化解和房地产市场发展。此外，退耕还林、退牧还草等措施也是保护生态环境的重要举措，为营造绿色生态家园提供了坚实基础。因此，在深化土地制度改革的过程中，需要注重综合协调各方利益，确保改革措施的可行性和有效性。同时，还需加大监管和执法力度，防止违规用地和破坏生态环境等问题的发生。只有这样，才能实现土地资源的可持续利用和经济社会的可持续发展。

（三）健全金融体系

为了促进经济发展，需要完善金融政策，进一步鼓励和引导民间资本投入基础产业、基础设施、市政公用事业、政策性住房建设、社会事业领域。同时，也需要扩大基础设施和民生领域的融资渠道，以弥补短板。为此，应该大力发展普惠金融，加强对中小微企业、广大农村及贫困地区的金融服务，解决他们面临的融资难问题。除此之外，还需要加强金融宏观审慎管理制度，健全监管规则，严厉打击地下金融和地下钱庄。同时，也要建立安全高效金融基础设施，并构建国家金融安全机制来确保各部门杠杆率的变化得到严格监控，以确保金融安全，避免系统性金融风险的发生。只有这样，我们才能够在经济发展中稳步前行，并为人民群众提供更好的服务和保障。

（四）实施创新驱动战略

我国通过实施创新驱动战略，在航空、航天、探海、高铁等领域取得了重大科技成果，引领了世界新技术的发展，极大地提高了我国的国际竞争力。为进一步深化供给侧结构性改革，促进各类市场主体加快技术、新产品、新业态、新模式等方面的创新，我国需要采取以下措施：

首先，要加大科技活动经费投入。政府应该着力在影响国际竞争力、基础设施保障和民生保障领域加大投入。为了解决资金投入不足的问题，政府应该从总量上增加科技活动经费的投入，并保持较高比例的稳定增长，逐渐缩小与发达国家的差距。同时，还需要拓宽融资渠道，吸纳股份制银行和民间资本对科技活动的投入，以提高创新发展的资金来源。此外，政府还应该通过技术创新解决民生领域消费者关注的高端产品问题，逐步消除"海淘"马桶盖、电饭煲等现象，促进国内消费。

其次，要激发创新人才的积极性。我国应该通过培养高素质人才队伍、完善人才选拔、任用和评价机制，以及营造良好的人才成长环境来激励创新人才。这样可以实现以人才驱动的创新驱动，从而为我国的科技发展提供强有力的支持。

最后，要进一步推进"大众创业、万众创新"战略。这意味着以创新带动创业，以创业促进就业。我国应该继续营造高校大学生创新创业的环境和氛围，形成教育、训练、大赛、项目孵化为一体的创新创业体系。同时，在全社会营造创新创业氛围，加大政策支持、培训指导和扶持奖励力度，激发全社会双创热情。这样可以促进创新成果的转化和应用，推动我国经济高质量发展。总的来说，我国需要继续实施创新驱动战略，加大科技活动经费投入、激发创新人才积极性、推进"大众创业、万众创新"战略，以实现高质量发展。这些措施将有助于我国在全球科技领域中保持领先地位，并为国家的经济和社会发展注入强大动力。

三、发挥市场作用和政府的作用

我国供给侧结构性改革的重点在于解决资源要素配置扭曲和资源供给约束问题，以提高全要素生产率。政府和市场是两种基本的要素配置形式，如何合理运用政府和市场的关系对于推动供给侧结构性改革具有至关重要的作用。在这个过程中，我们需要注重政府和市场的协同作用，充分发挥各自的优势，实现资源要素配置的合理化和高效化。同时，还需要加强对资源供给约束问题的研究和解决，通过创新机制、提高技术水平等手段来增加资源供给的灵活性和适应性，从而更好地满足市场需求。只有在政府和市场相互配合、协同发力的情况下，才能够实现供给侧结构性改革的目标，提高经济效益和社会福利水平。为了实现这一目标，我们需要深入研究政府和市场的作用机制，探索如何更好地发挥它们的优势。

(一) 在资源配置中发挥市场的决定作用

随着我国经济的快速发展，供给侧改革成为当前经济领域中的热门话题。在这个过程中，市场在资源配置中扮演了决定性的角色。首先，市场可以有效地调节生产和消费之间的关系。通过价格机制的作用，市场能够引导生产者根据市场需求来调整产品的供给量，从而实现资源的合理配置。在过去，由于政府对经济的干预较多，往往会出现生产过剩或者供不应求等问题。但是，在市场机制下，企业可以更加灵活地调整自己的生产计划，根据市场需求来生产产品，从而避免了资源的浪费和低效率的问题。其次，市场可以促进资源的优化配置。在市场机制下，企业之间会进行激烈的竞争，这种竞争不仅体现在价格上，还包括产品质量、服务等方面。这种竞争会促使企业不断提高自己的生产效率和产品质量，从而实现资源的优化配置。同时，市场还可以通过价格机制来引导消费者进行理性消费，避免浪费资源。再次，市场可以激发创新活力。在市场机制下，企业需要不断创新来满足市场需求，从而保持竞争力。这种创新活力可以促进技术的进步和产业的升级，实现资源的高效利用。最后，市场还可以提高资源配置的透明度和公平性。在市场机制下，价格是由供需关系决定的，价格的透明度和公平性可以保证资源配置的公正性。同时，市场还可以通过竞争机制来避免垄断行为，从而保障消费者权益。

具体措施主要包括：第一，健全产权保护制度是实现市场资源配置决定性作用的前提条件。只有在产权得到有效保护的情况下，市场才能够充分发挥其作用。因为只有当企业和个人拥有了明确的产权，才会更加积极地投入生产和创新活动中。同时，健全的产权保护制度也可以促进资源配置效率的提高，从而推动经济的发展。因此，政府应该加强对产权保护制度的建设和完善，为市场资源配置提供更好的环境。第二，打破垄断也是实现市场资源配置决定性作用的重要手段之一。在过去的经济体制中，由于存在垄断企业，市场资源配置的效率受到了很大的限制。因此，在供给侧改革中，政府应该采取措施打破垄断，促进市场竞争。这样可以激发企业和个人的创新活力，提高资源配置效率，并且降低产品价格，使消费者受益。第三，推进要素价格市场化改革也是实现市场资源配置决定性作用的重要手段之一。在过去的经济体制中，由于政府对要素价格的干预较多，导致了资源配置效率低下。因此，在供给侧改革中，政府应该逐步推进要素价格市场化改革，让市场在资源配置中发挥更大的作用。这样可以激励企业和个人更加积极地投入生产和创新活动中，提高资源配置效率，并且降低产品价格，使消费者受益。

（二）大力发挥政府的作用

解决政府职能中"越位""错位""缺位"问题，优化市场制度环境建设，化解市场失灵问题，确保宏观调控有效性。

第一，转变政府调控职能，落实深化"放管服"改革。要放行政权，减少行政权；恰当界定管理权限，用新技术、新体制管好该管的事；减少政府对市场的干预，减少过多行政审批，推动市场主体创新。

第二，健全政绩评价考核体系。过去以国民生产总值为导向的政绩观念已然不适用于如今的工作。在关注经济增长指标的同时，还必须增加资源消耗、生态效益、产能过剩、科技创新等指标权重，突出以人为本，保障和改善民生。

第三，建立公共服务型政府。政府应该积极面向全社会供给有效的公共产品与服务，满足群众不断增长的需求，维护他们的利益，优化政府治理制度体系，传递政府力量与温暖。

第四，建设法治型政府，坚持依法行政。在实际工作中应该最大化避免政府行为随意性，做到依法制定决策，确保政府履行公共职能。

四、建立和完善供给侧结构性改革的评价体系

（一）打造第三方评价机制

一是对政府放管服改革进行深入执行，把监管与评价分离开来，同时构建第三方改革效果评价机制，提高评价结果的客观性。二是将结果评价与过程评价进行有效结合，不仅关注改革的效果，也要重视改革过程中的路径扭曲和方向性错误。这样可以及时纠正问题并保证改革顺利进行。三是更加注重民生事业发展和资源环境改善情况，不断提升就业、收入、消费、生态环境等指标在评价体系中的重要性。这样可以确保改革不仅能够促进经济发展，还能够保护环境，带来更多的社会福利。

(二)健全各类指标与体系

为了推动经济高质量发展,必须通过供给侧结构性改革来构建高质量的供给体系。因此,我们需要建立和完善与高质量发展目标要求相适应的各类指标与体系,以有效监测和评价供给侧结构性改革的效果。

第一,指标体系应紧密围绕供给侧结构性改革任务展开,以五大发展理念为指导,兼顾效果与效率、数量与质量、短期与长期等因素。例如,在去产能工作中,除了短期内完成去产能任务外,还需要考虑长期的产能结构优化、产能利用率和转型升级等因素。同时,应增加结构性指标以反映各方面的结构协调性,加强质量效益和新动能发展指标以更好地反映价值链分工、经济发展结构、劳动者报酬和投入产出比率等因素。

第二,政策体系应分为短期和长期两个方面。在短期内,需要建立保障供给侧结构性改革"三去一降一补"任务顺利实施的政策体系,例如僵尸企业职工下岗再就业政策、城镇化户籍政策、中小企业融资政策和精准扶贫脱贫政策等。在长期方面,需要建立高质量发展的政策体系,将数量型和质量型政策相结合,将长期和短期政策有机结合,不断完善宏观政策、微观政策、产业政策和社会政策等。

第三,统计体系需要升级统计手段和方法,充分利用互联网、大数据等新兴技术,提高统计工作的及时性、全面性、有效性和科学性,及时反映改革进程和出现的问题。同时,除了经济指标外,还应将生态指标、教育、就业、养老等指标纳入统计体系,确保真实全面地反映自然环境改善和民生状况。

第四,绩效评价体系应降低对经济增长速度和数量的追求,更加重视质量与效益的提升以及自然与社会的协同发展。综合考虑经济增长速度、经济结构和创新成果质量等因素。

第五,政绩考核体系不能仅以 GDP 作为产出指标,因为它只能反映宏观生产情况,无法全面反映经济的真实情况。政府和干部考核应将质量提高、民生改善、社会进步和生态效益等指标和实绩结合起来,将民生改善、社会进步和生态效益等指标和实绩作为高质量发展背景下考核的重要内容。这样才能更好地引导地方政府向高质量发展,促进经济持续健康发展。

参考文献

[1] 易明主.长江中游城市群创新驱动发展战略研究[M].武汉：中国地质大学出版社，2017.

[2] 何岚.走向可持续制造生态创新驱动制造业转型研究[M].北京：知识产权出版社，2018.

[3] 范恒山，孙久文，陈宜庆，等.中国区域协调发展研究[M].北京：商务印书馆，2012.

[4] 陈秀山.区域协调发展目标路径评价[M].北京：商务印书馆，2013.

[5] 陈剑.产业集群知识管理与创新研究[M].北京：中国经济出版社，2019.

[6] 陈树津.关于中国产业集群现象的逻辑思考 从纺织行业谈起[M].北京：中国纺织出版社，2020.

[7] 黄志锋.民营经济高质量发展问题研究[M].长春：长春出版社，2020.

[8] 高云龙.中国民营经济发展报告17 2019—2020[M].北京：中华工商联合出版社有限责任公司，2021.

[9] 李媛媛.金融创新与产业结构调整[M].天津：南开大学出版社，2019.

[10] 王小翠.供给侧改革视角下的绿色金融模式研究[M].徐州：中国矿业大学出版社，2019.

[11] 夏勇，张锋，于磊，等.科技创新驱动西部地区经济高质量发展效率评价研究[J].西部金融，2023（02）：79-86.

[12] 薛秀茹.以创新驱动经济高质量发展研究——基于合肥高新区的实证分析[J].安徽科技，2022（12）：34-38.

[13] 黄益平.用金融创新支持经济创新[J].财经界，2022（35）：5.

[14] 宋辉.国有经济与民营经济协同发展研究 [J]. 老字号品牌营销，2023（08）：76-78.

[15] 董艳坤.供给侧改革视角下商业经济创新对策 [J]. 现代商业，2022（16）：13-15.

[16] 韦燕.金融供给侧改革促进农业经济发展道路探析 [J]. 哈尔滨师范大学社会科学学报，2022，13（03）：74-78.

[17] 王伟.产业集群对区域经济发展的驱动作用分析 [J]. 现代商业，2023（08）：61-64.

[18] 曹晓鹏.产业集群助力区域经济发展研究 以山东省德州市为例 [J]. 当代县域经济，2023（03）：81-83.

[19] 郑坤，邓宏兵，易明.新时代区域协调发展与共同富裕——2022年中国区域经济学会年会综述 [J]. 区域经济评论，2023（02）：155-160.

[20] 谈镇，冯桥兰，张一飞.数字经济对区域协调发展的影响——基于区域创新绩效视角 [J]. 山东商业职业技术学院学报，2023，23（01）：1-10.

[21] 曹蝶.我国产业集聚对区域协调发展的影响效应研究 [D]. 厦门：华侨大学，2022.

[22] 王茜.新时代关于区域协调发展的理论与实践研究 [D]. 厦门：集美大学，2021.

[23] 赵聪慧.新中国成立以来党的民营经济政策演进历程及历史经验研究 [D]. 郑州：河南工业大学，2022.

[24] 田原.金融创新与区域经济高质量发展的协同效应研究 [D]. 济南：山东财经大学，2021.

[25] 张檬.金融创新对我国西部地区经济增长的影响研究 [D]. 成都：西南财经大学，2021.

[26] 王雨婷.金融创新驱动区域经济高质量发展研究 [D]. 南昌：南昌航空大学，2020.

[27] 杨娇.区域创新驱动绩效评价研究 [D]. 太原：太原理工大学，2022.

[28] 戚善芝. 金融发展、创新驱动与经济高质量发展 [D]. 贵阳：贵州财经大学，2021.

[29] 张静. 供给侧结构性改革下经济政策的协同效应研究 [D]. 长春：吉林大学，2020.

[30] 李石. 经济增长驱动力转换的理论与实践分析 [D]. 天津：天津财经大学，2019.